GABRIELE LABUDDE

# ENNEAGRAMM

## 9 CHANCEN, SICH SELBST UND ANDERE BESSER ZU VERSTEHEN

# INHALT

# NEUN CHANCEN, SICH UND ANDERE BESSER ZU VERSTEHEN

Vor einigen Jahren lernte ich im Zusammenhang mit meiner Ausbildung zur Therapeutin für Integrierte Lösungsorientierte Psychologie das Enneagramm kennen. Allein das Wort sagte mir zunächst gar nichts. Doch sehr schnell war ich fasziniert und neugierig zugleich.

Die Enneagramm-Lehre beinhaltet uraltes Wissen über die verschiedenen Charaktere der Menschen, die in neun Typen unterteilt werden. Spätestens als ich für jeden davon Beispiele in meinem privaten und beruflichen Umfeld entdeckt hatte, waren meine Begeisterung, meine Freude, mein Staunen und auch mein Interesse, mehr zu erfahren, kaum noch zu bremsen.

Ich versuchte, möglichst viele und vor allem unterschiedliche Bücher über das Enneagramm zu bekommen. Der Buchmarkt bietet nicht wenig an. Was mir jedoch fehlte, war ein Hörbuch. Hier kamen mir mein typspezifischer Ehrgeiz und mein Faible für Projekte zugute: Also gab ich als unternehmerisch denkender Enneagramm-Typ DREI selbst ein Hörbuch heraus. Der Spaß an diesem Projekt und meine intensive Beschäftigung mit dem zeitlosen Wissen bestätigten mich darin, dass das Enneagramm keineswegs eine Modeerscheinung ist, sondern zu den wesentlichen psychologischen Modellen der nächsten Jahrzehnte gehören wird. Umso mehr freue ich mich, dass ich Ihnen heute dieses Buch auch gedruckt und gleichzeitig überarbeitet vorstellen darf.

Nach dem Enneagramm bin ich wie gesagt eine DREI, Sie sind möglicherweise eine ACHT, eine FÜNF oder eine EINS. Neun Typen gibt es – und, ja, trotz aller Individualität lässt sich jeder Mensch einem Enneagramm-Charakter zuordnen. Dennoch muss betont werden, dass jede Lebensgeschichte, jeder Mensch einmalig und unverwechselbar ist. So wie keine Schneeflocke der anderen gleicht, ist es grundsätzlich auch beim Menschen: Jeder ist ein Original!

Trotzdem würde unsere Welt im Chaos enden, wenn wir alle absolut einzigartig wären. Würden wir uns nicht auch ähnlich sein, wäre ein Miteinander, wäre alles, was Gesellschaft ausmacht, unmöglich.

*»ICH TEILE MIT MILLIARDEN VON MENSCHEN DIE ERDE, ABER MIT NIEMANDEM MEINE EINZIGARTIGKEIT.«*
*CHRISTA SCHYBOLL*

Daher ist es gut und wichtig, dass wir bestimmte Charakterzüge mit anderen Menschen teilen. Obgleich wir einzigartig sind, unterscheiden wir uns nicht total voneinander.

Das Enneagramm respektiert die Balance von Einzigartigkeit und Ähnlichkeit und dokumentiert dies, indem es uns Menschen in neun Typen unterteilt. Es ist wichtig zu verstehen, dass das, was es darin beschreibt, keine Stereotype(n) sind, sondern dass das Enneagramm verschiedene Aspekte unserer Überlebensstrategien darstellt und nicht den Menschen an sich. Es zeigt, welche Gaben wir ins Leben einbringen. Und es verdeutlicht uns, dass wir mit dem Expertentum unserer Persönlichkeit oftmals ein bisschen übertreiben.

## DIE CHANCE AUF SELBSTERKENNTNIS

Oft wurde mir die folgende Frage gestellt: »Wird im Enneagramm nicht alles ein bisschen zu negativ dargestellt?« Ja und nein. Beim ersten Kontakt mit dieser Lehre kann es durchaus so empfunden werden: Beginnend mit den Leidenschaften werden sehr stark die Schwächen der einzelnen Typen herausgestellt. Doch bei näherem Hinsehen wird klar, dass genau dort, wo wir nicht so gern hinschauen, bei unserem sprichwörtlichen »Balken im Auge«, sowohl Chance als auch Faszination liegen und das Ganze interessant wird.

Das Enneagramm ist kein wertendes System. Es verurteilt uns nicht. Es zeigt uns unsere guten Seiten, unsere Potenziale, die wir stärken können, indem wir uns unserer schwierigen Seiten bewusst werden. Denn nur durch Erkennen und Benennen der eigenen Schwächen und der persönlichen Abwehrstrategien kann unser Bewusstsein wachsen und sich Veränderung einstellen.

Das Enneagramm ist in allererster Linie ein Wahrnehmungsmodell. Es hilft uns, unsere Beobachtungsgabe zu stärken – in Bezug auf uns selbst, aber auch auf andere. Es hilft uns, Verständnis und Empathie zu entwickeln – für unsere eigene Überlebensstrategie und auch für die Fähigkeiten und Ressourcen unserer Mitmenschen. Dabei geht es nie um ein Be- oder gar Verurteilen, sondern um das Stärken unseres Bewusstseins für die Gleichwertigkeit eines jeden Menschen.

*»DAS GEHEIMNIS DES ERFOLGES IST, DEN STANDPUNKT DES ANDEREN ZU VERSTEHEN.«*
*HENRY FORD*

Das größte Geschenk, das uns das Enneagramm macht, ist die stetig wachsende Entscheidungsfreiheit: Möchten Sie weiter automatisch und wie gewohnt reagieren, oder möchten Sie innehalten können, beobachten und erst dann entscheiden, wie Sie sich verhalten? Das Enneagramm

### BASIS DES MITEINANDER

Bis heute ist es mir unverständlich, dass das grundlegende Wissen des Enneagramms nicht an unseren Schulen gelehrt wird. Von einer Freundin hörte ich, dass an der Schule ihres Kindes ein Kurs in Konfliktverhalten angeboten wird. Eine gute Maßnahme, doch: Werden hier nicht Ursache und Wirkung verwechselt? Könnte man nicht früher etwas tun? Wäre das Leben nicht viel einfacher, wenn es erst gar nicht zu Missverständnissen, Zweideutigkeiten und Konflikten in zwischenmenschlichen Beziehungen käme?

hilft Ihnen dabei, sich von Ihrem Autopiloten zu lösen. Doch machen Sie daraus keinen Wettbewerb! Erwarten Sie nicht, dass von heute auf morgen Wunder geschehen und Sie auf einmal alles in Ihrem Leben souverän meistern. Wachstum lässt sich nicht erzwingen. Wachstum lässt sich anregen, aber: Es hat sein eigenes Tempo! Bleiben Sie daher dran und haben Sie Geduld. Vertrauen Sie auf Ihre inneren Fähigkeiten, die Ihnen das Enneagramm umso deutlicher bewusst machen wird.

WAS IST, DARF SEIN. WAS SEIN DARF, VERÄNDERT SICH.

## EIN SCHATZ AN WERKZEUGEN

Sind Sie bereit, die Enneagramm-Lehre kennenzulernen? Ich werde Ihnen zunächst eine praxisnahe Einführung in das Thema geben. Danach können Sie zuerst einmal prüfen, ob Sie vorrangig eine Herz-, Kopf- oder Bauchintelligenz leben – und so nähern Sie sich schon der Erkenntnis an, zu welchem Typ Sie gehören. Alle neun werden Ihnen ausführlich vorgestellt. Am besten beginnen Sie bei dem Typ, bei dem Sie die größte Resonanz spüren.
Dann kann es losgehen! Ich übergebe Ihnen nun das Enneagramm, eine ganze Schatzkiste mit Werkzeugen und Notfallplänen, die nur für Sie, der Sie einzigartig sind, geschaffen wurde. Sie werden erkennen, dass das Enneagramm ein wirklich fruchtbarer Weg, eine der genauesten und praktikabelsten Hilfen zur Selbsterkenntnis, für persönliches Wachstum und die Gestaltung besserer Beziehungen ist.
Sie werden entdecken, was gut daran ist, der oder der Typ zu sein, und wie Sie Ihr Bewusstsein und Ihre emotionale Intelligenz noch steigern können. Ich wünsche Ihnen, dass Sie dieselbe Freude empfinden werden, wie ich sie bei diesem Projekt hatte und auch heute noch mit dem Enneagramm habe.

Gabriele Lataster-Czisch

VERMITTLER
PERFEKTIONIST
HELFER
DYNAMIKER
INDIVIDUALIST
BEOBACHTER
SKEPTIKER
OPTIMIST
KÄMPFER

# NEUN TYPEN, NEUN STILE

*EIN FASZINIERENDES MODELL MIT NEUN INTELLIGENZEN – NEUN VERSCHIEDENE ARTEN ZU DENKEN, ZU FÜHLEN UND ZU HANDELN.*

# EINBLICKE IN EINE SEHR ALTE LEHRE

Das Enneagramm ist ein grafisches Symbol: ein Kreis, der in sich einem Neunerstern zeigt. Der Name bedeutet aus dem Griechischen übersetzt »Neunerbild«. Die Lehre des Enneagramms wurde über Jahrhunderte, vielleicht sogar Jahrtausende nur mündlich von Lehrer zu Schüler überliefert, fast wie eine Geheimlehre. Nie erklärte der Meister seinem Schüler das ganze Enneagramm. Um Missbrauch zu verhindern, wurden nur jene Aspekte verwendet, die für den Schüler in dem Moment von Bedeutung waren. Und irgendwann war der Schüler dann selbst zum Meister herangereift.

## ZUR ENTSTEHUNG UND VERBREITUNG

Niemand weiß genau, wo und wie das Enneagramm entstanden ist.
Es gibt Vermutungen, dass es möglicherweise sogar auf die Schule des griechischen Mathematikers Pythagoras zurückzuführen ist.
Was wir sicher wissen, ist, dass der griechisch-armenische Weisheitslehrer George Iwanowitsch Gurdjieff im Jahr 1916 begann, das Symbol des Enneagramms in seine Unterweisungen einzubeziehen. Allerdings war es bei ihm kein psychologisches Modell, sondern diente einerseits als Tanzschema für seine »heiligen Tänze« und bildete andererseits den Schlüssel zu seiner transformatorischen Lehre, die als »der vierte Weg« bekannt wurde.
Einer seiner bekanntesten Schüler, Peter Demianowitsch Ouspensky, verfasste mit seinem Buch »Auf der Suche nach dem Wunderbaren« die bis dahin erste Niederschrift der Lehre Gurdjieffs. Darin finden

sich allererste Erwähnungen und Anwendungsbeschreibungen des Enneagramms. Bis in die frühen 1970er-Jahre war das Wissen um das Enneagramm tatsächlich nur mündlich weitergegeben worden.
Das Enneagramm in der Form, wie es heute weitestgehend gelehrt wird, geht zurück auf den bolivianischen Philosophen Oscar Ichazo, 1932 geboren, den man als Urheber einer modernen Fassung des Modells bezeichnen kann. Aufbauend auf Gurdjieffs Studien erweiterte Oscar Ichazo das überlieferte Wissen zu einem »Enneagramm der Persönlichkeitstypen«. Doch auch er machte es nur ausgewählten Menschen zugänglich.

## EINE SPUR FÜHRT ZU DEN SUFIS

Sowohl Gurdjieff als auch Ichazo berichten, das Modell sei ihnen während ihrer Aufenthalte in Zentralasien begegnet. Beide berufen sich auf mystische Orden wie die Sarmoun-Bruderschaft oder den Sufi-Orden der Naqshbandi, denen sehr altes und tief gehendes Geheimwissen um das Wesen unserer Welt zugeschrieben werden.
Bei Anne Linden und Murray Spalding heißt es: »Die Sufis glaubten, dass die Begabungen eines Menschen genau die gefährlichsten Fallen für ihn darstellen, weil wir dazu neigen, uns zu sehr mit dem zu identifizieren, was wir für unsere Stärken halten, was wir gut können, und nie die anderen Seiten dieser Begabung anschauen oder das Ungleichgewicht bedenken, das ihnen auch innewohnt.«[1]
Analogien zum Enneagramm finden sich auch in christlichen und buddhistischen Traditionen sowie der hebräischen Kabbala-Lehre wieder. Das Modell scheint also eine sehr lange und über weite Teile der Geschichte verborgene Tradition zu haben, die das Wissen verschiedener Religionen und geistiger Lehren vereint. Durch das Sammeln und Systematisieren dieser Überlieferungen und Erkenntnisse entstand über die Zeit ein Modell von neun Persönlichkeitstypen, neun Charakteren, neun Wahrnehmungsstilen.
Anfang der 1970er-Jahre lernte der chilenische Arzt Claudio Naranjo, ebenfalls Jahrgang 1932, das Enneagramm während eines kontemplativen Seminars zur Selbsterfahrung bei Oscar Ichazo kennen. Als Be-

ÜBER JAHRTAUSENDE STETIG WEITERENTWICKELT: DAS ENNEAGRAMM HEUTE

wusstseinsforscher und Psychiater arbeitete Naranjo im Bereich der Persönlichkeitsentwicklung und -typologie. Er war der Erste, der das Enneagramm mit einem neuzeitlich psychologischen Konzept verband und die Typenbeschreibungen präzise ausarbeitete. Er erforschte an zahlreichen Personengruppen die psychologische Motivation der Typen und verknüpfte sie mit den Persönlichkeitsstörungen des DSM, des »Diagnostic and Statistical Manual of Mental Disorders«, einem Klassifizierungssystem der amerikanischen Psychiatervereinigung. Das Enneagramm war damit gewissermaßen in Wissenschaft und Therapie angekommen.

Inspiriert von Gurdijeff entwickelte Naranjo später das SAT-Programm (Seekers After Truth), das die Enneagramm-Lehre noch intensiver mit der Psychologie und auch mit östlichen Lehren wie dem Buddhismus verbindet. Er selbst sagt, er betrachte dieses Programm als eine »Universität der Liebe und des umfassenden Bewusstseins«. Er war auch der Erste, der sogenannte Panelinterviews, also Befragungen von Vertretern

## DAS ENNEAGRAMM WIRD POPULÄR

Zwei in den 1980er-Jahren folgende Schüler Naranjos und international bekannte Enneagramm-Lehrer sind die amerikanische Psychologin Helen Palmer und der Jesuitenpater Robert Ochs, sowie dessen Schüler Don Richard Riso. In Deutschland beliebt wurde das Modell erstmals durch Vorträge, Workshops und den 1989 erschienenen Bestseller »Das Enneagramm. Die neun Gesichter der Seele« des amerikanischen Franziskanerpaters Richard Rohr und des deutschen Theologen Andreas Ebert. Seine Beliebtheit verdankt das Buch unter anderem den fantastischen Cartoons von Werner Tiki Küstenmacher.

der einzelnen Typen, durchführte, um deren Art, zu denken, zu fühlen und zu handeln, für andere nachvollziehbar zu machen und damit auch die Lebensnähe der Enneagramm-Theorie aufzuzeigen.

## WAS BRINGT UNS DAS MODELL?

Das Enneagramm zeigt uns neun Persönlichkeitstypen und ihre Beziehungen zueinander. Es geht darum, zu begreifen, dass es nicht nur eine Sicht auf die Welt gibt. Wenn wir erkennen, dass jeder von uns ein bisschen anders »verdrahtet« ist und dass jeder bei der Bewältigung derselben Aufgabe aufgrund unterschiedlicher Motivationen eine andere Strategie entwickelt, dann werden wirkliche Toleranz und ehrlicher Respekt füreinander möglich. Wir können dann, wie es Eli Jaxon-Bear so schön ausdrückt, endlich damit aufhören, Äpfel von einem Birnbaum zu erwarten.

*»UM VON ANDEREN VERSTANDEN ZU WERDEN, MUSS MAN DEN ANDEREN VERSTEHEN. UM DEN ANDEREN ZU VERSTEHEN, MUSS MAN ZUVOR SICH SELBST VERSTEHEN.«*
*PAUL WATZLAWICK*

Es geht auf keinen Fall darum, Menschen in Schubladen zu stecken, sondern jeden Einzelnen in seinem Persönlichkeitstyp wahrzunehmen. Es gibt weder Wertunterschiede noch Hierarchien, keiner der neun Charaktere ist besser oder am besten, schlechter oder am schlechtesten. Jeder Typ kann aufgrund seiner Fähigkeiten sein Leben gut bewältigen, und trotzdem unterscheiden sie sich gravierend: in ihrer Weltanschauung, ihrer Art und Weise, in der Welt zu sein und zu denken, zu fühlen und zu handeln. Es geht darum, die Unterschiedlichkeit der Menschen zu erkennen, urteilsfrei zu akzeptieren und sich bestenfalls in andere einfühlen zu können.

Doch fast noch wichtiger als das Erkennen der anderen ist das Erkennen unserer eigenen Persönlichkeit, unserer Potenziale und Ressourcen, unserer Probleme und Ängste. Hier sind Ehrlichkeit und Mut gefragt. Unterscheiden zu können, wer man zu sein glaubt, wer man gern sein möchte und wer man tatsächlich ist, benötigt eine gewisse Zeit. Entdeckt man insbesondere seine persönlichkeitstypische Schwäche – die als Leidenschaft bezeichnet wird –, wirkt dies oft wie ein heilender

Schock. Das Ganze kommt ins Rollen: Wir erkennen das Grundmuster unseres ganzen bisherigen Lebens – begreifen die Fixierung. Der erste Schritt besteht also darin, dass wir herausfinden, zu welchem der neun Charaktere wir die stärkste Beziehung haben. Der zweite und entscheidende Schritt besteht in der Lockerung unserer Charakterfixierung. In den positiven Aspekten eines Enneagramm-Typs finden wir uns relativ leicht wieder. Aber wirklich berühren und voranbringen werden uns die Hinweise auf die grundlegenden Ängste, Selbstdefinitionen und Selbsttäuschungen. Jeder, der mit seiner persönlichen Angst, Selbstdefinition und Illusion konfrontiert wird, reagiert automatisch: zuerst mit Abwehr und Unbehagen, dann mit erschrockener Einsicht und dann – dann wird es interessant! Werden die alten Fixierungen erst einmal erkannt und angenommen, beginnen sich die starren Muster langsam, ganz langsam aufzulösen.

### WIESO AUSGERECHNET NEUN TYPEN?

In der Schule des Pythagoras bestand die erste Pflicht der Schüler darin, ihre Leidenschaften zu erkennen. Denn nur durch das Erkennen negativer Leidenschaften war eine positive Weiterentwicklung möglich. Dieses Bemühen um Persönlichkeitsentwicklung ist der rote Faden, der alle großen Lehrmeister des Enneagramms miteinander verbindet. Die Symbolik der Zahl Neun war dabei besonders wichtig. Denn die Neun stellte in den alten Kulturen der Griechen, der Römer und der Germanen, ebenso in der chinesischen Tradition oder im Judentum die »Zahl der Vollkommenheit« dar, da sie dreimal die als göttlich angesehene Zahl Drei enthält. Um das Modell komplett zu machen, fügte Oscar Ichazo in den 1950er-Jahren den aus der Bibel bekannten sieben Todsünden Zorn, Stolz, Neid, Geiz, Unmäßigkeit, Unkeuschheit und Trägheit noch Angst und Täuschung hinzu.

## WARUM IST JEDER EIN BESTIMMTER TYP?

Am Anfang ist jeder von uns alles. Theoretisch sind wir ab Geburt für alle Verhaltensweisen offen. Doch auch unter den besten Gegebenheiten konnten unsere Eltern all unsere natürlichen Bedürfnisse nicht immer erfüllen. Mit welch guten Vorsätzen sie unsere Erziehung auch verfolgten, immer gab es doch Situationen, in denen sie unserem kindlichen Wesen nicht gerecht werden konnten. Das lag oftmals vor allem daran, dass manche Bedürfnisse bei unseren Eltern selbst nie befriedigt wurden und sie daher nicht angemessen damit umgehen konnten.

UNSER GRUNDTYP BLEIBT EIN LEBEN LANG BESTEHEN.

Aufgrund dieser unerfüllten kindlichen Sehnsüchte entstand bereits sehr früh in unserem Leben das Gefühl, dass uns etwas Wichtiges fehlt. Auch wenn das Kind es nicht in Worte fassen konnte, spürte es tief in sich eine Angst, seine Grundangst. Um diese Angst nicht fühlen zu müssen, entwickelte es eine Strategie, die seinen Talenten und Fähigkeiten entsprach – sozusagen eine Überlebensstrategie. Es versuchte so, Liebe und Zuneigung zu bekommen und Angst und Leid zu vermeiden. So entstanden zwei extreme Charaktereigenschaften: eine vermeintliche Schwäche, die es zu unterbinden, und ein Talent, das es zu perfektionieren galt. Im Laufe des Lebens entwickelte sich daraus eine Art Fixierung. Man könnte es auch »Gewohnheit« oder »eingeschränkte Weltanschauung« nennen. In der Kindheit schützt und hilft uns diese Sichtweise, im Erwachsenenleben hat diese Strategie allerdings ihre Daseinsberechtigung verloren. Hier engt sie uns eher ein, trübt unseren Blick und lässt neuen Erfahrungen keinen Spielraum.

Doch in stressigen Situationen werden wir selbst als Erwachsene immer wieder diese Strategie anwenden, weil sie funktioniert und vertraut ist. Das Enneagramm hilft uns, diese Zusammenhänge zu erkennen, und öffnet uns den Blick auf neun verschiedene Wahrnehmungs- und Verhaltensweisen, von denen wir uns »ein Scheibchen« abschneiden können. Unser Wachstumsprozess beginnt, ohne dass wir dabei unseren Grundtyp aufgeben würden.

# HERZ, KOPF ODER BAUCH?

## WO LIEGT IHR ZENTRUM?

Das Enneagramm ist unterteilt in drei Zentren, denen jeweils eine bestimmte Intelligenz zugeschrieben wird. Die aus dem Volksmund bekannten Herz-, Kopf- oder Bauchmenschen gibt es also tatsächlich! Kennen Sie nicht auch folgende Redewendungen? Wenn es jemandem nicht so gut geht, fragen wir: »Hast du was auf dem Herzen?«, »Worüber zerbrichst du dir den Kopf?« oder »Ist dir was auf den Magen geschlagen?« Ärger und Wut sind zum Beispiel Kräfte, die im Bauch entstehen. Gefühle wie Mitleid, Traurigkeit oder Liebe sind Herzensangelegenheiten. Gedankliche Konstrukte sind Energien des Kopfes.

Glauben Sie tatsächlich, es ist purer Zufall, wie Sie reagieren? Nein. Aufgrund defizitärer Erfahrungen haben wir als Kind entweder das Handeln, das Fühlen oder das Denken zu unserem dominierenden Lebenskonzept gemacht. Wir nutzen bevorzugt eines dieser Intelligenzzentren, hier sind wir der Experte!

Ob wir also spontan aus dem Bauch heraus aktiv werden, verstärkt emotional reagieren oder ob wir unsere Reaktion erst einmal gedanklich vorbereiten – all das wird davon bestimmt, wie sich unsere Persönlichkeit in der Kindheit entwickelt hat. Natürlich hat jeder Mensch Zugang zu allen drei Zentren. Doch ist eines davon in jedem von uns dominant und gibt die Grundenergie. Es ist das Kraftwerk, das uns antreibt. Die Unterscheidung in Herz-, Kopf- oder Bauchzentrum ist im Enneagramm auch viel wichtiger als die nach typisch männlichen oder weiblichen Mustern.

## DIE DREI INTELLIGENZZENTREN

Ein Herzmensch verlässt sich vor allem auf seine intuitiven Empfindungen und seine Beziehungen zu anderen. Er braucht Beachtung und Anerkennung, sie verleihen ihm seinen Wert. Auf einer tieferen Ebene kämpft er sein ganzes Leben lang gegen das latente Gefühl an, nicht liebenswert zu sein.
Ein Kopfmensch benutzt seinen Verstand und seine rationale Beobachtungsgabe, um Zusammenhänge zu verstehen. Das verleiht ihm Sicherheit. Auf einer tieferen Ebene kämpft er sein Leben lang gegen ein latentes Gefühl der Unfähigkeit an.
Ein Bauchmensch ist jemand, dem das instinktive Handeln liegt, der sich behaupten und durchsetzen kann und ein klares Ich-Gefühl hat. Er schützt seine Autonomie. Auf einer tieferen Ebene kämpft ein Bauchmensch sein ganzes Leben lang gegen das latente Gefühl an, unwichtig zu sein.

## EIN BEISPIEL MACHT ES LEICHTER

Erahnen Sie schon, zu welchem der drei Zentren Sie gehören? Sind Sie eher ein Herz-, ein Kopf- oder ein Bauchmensch? Wenn Sie noch unsicher sind, lesen Sie doch mal die folgende kleine Geschichte: Auf Ihrer letzten Urlaubsreise haben Sie sich am Flughafen einen MP3-Player gekauft. Der hat während Ihres Urlaubs wunderbar funktioniert und Sie hatten viel Freude daran. Kaum zurück in der Heimat, lief das Ding aber nicht mehr! Also fahren Sie mit der Rechnung nach Feierabend zum nächsten Elektronikgeschäft. Nachdem Sie eine freundliche Dame am Infoschalter an einen Kollegen in der zuständigen Fachabteilung verwiesen hat, machen Sie sich auf die Suche. Doch dann verweist dieser Sie an den Reklamationsschalter, an dem sage und schreibe schon drei Personen warten. Als Sie nach 20 Minuten endlich an der Reihe sind, schildern Sie dem zuständigen Fachmann freundlich Ihr Anliegen. Nachdem dieser die Situation erfasst und den Kassenbon in Augenschein genommen hat, teilt er Ihnen mit: »Da kann ich Ihnen nicht weiterhelfen, der ist ja woanders gekauft!«, und wendet sich, Ihnen sichtlich genervt den Kassenbon reichend, dem nächsten Kunden zu.

Wie reagieren Sie? Am besten notieren Sie Ihre Reaktion kurz auf einem Zettel. Anhand von drei Beispielen werde ich Ihnen nun die typische Reaktionsweise eines Herz-, eines Kopf- und eines Bauchmenschen schildern. Klar reagiert jeder Mensch erst einmal sauer. Aber überlegen Sie einmal: Wie reagieren Sie im nächsten Schritt?

HERZ, KOPF ODER BAUCH? EINES DER ZENTREN SPRINGT AN.

Der Herzmensch fühlt sich (sehr wahrscheinlich) erst einmal persönlich beleidigt, versucht dann aber durch Nettigkeit und Diplomatie doch noch etwas beim Gegenüber zu erreichen. Zum Beispiel fragt er, ob es nicht eine Möglichkeit gibt, das Gerät – eventuell gegen Bezahlung – reparieren zu lassen.

Der Kopfmensch zieht sich (sehr wahrscheinlich) erst einmal zurück, um aus sicherem Abstand eine Strategie zu überlegen. Zum Beispiel recherchiert er im Internet nach dem Generalimporteur des Gerätes, um diesem dann einen Brief zu schreiben.

Der Bauchmensch nimmt (sehr wahrscheinlich) spontan den Kampf auf: So ein Verhalten lässt er sich nicht bieten und reagiert unvermittelt voller Wut und Zorn. Zum Beispiel verlangt er den Geschäftsführer.

Und? Haben Sie eine der Reaktionen als die Ihre erkannt?

## WAS VERSTECKT SICH DAHINTER?

An dieser Stelle kommen wir bereits an eine tiefere Schicht unbewusster Gefühlszustände wie Wut, Scham oder Angst. Dinge, die kein Mensch gern fühlt. Es sind Gefühle, mit denen wir uns eher unwohl fühlen, die in unserer Gesellschaft negativ behaftet sind, die nicht tough sind oder sich nicht gehören … und die wir daher reflexartig beiseiteschieben.

Der Herzmensch benutzt die Scham, um aus der von ihm so empfundenen Niederlage des »Nichtankommens beim Gegenüber« sein emotional angekratztes Image, sein Selbstbild wieder aufzubauen, indem er alle Register zieht. Der Kopfmensch benutzt die Angst, um sein Sicher-

heitsdenken zu aktivieren und dadurch an rationale Möglichkeiten zu gelangen. Der Bauchmensch benutzt die Wut als Antrieb, um instinktiv seine Belange zu vertreten und seine Selbstbestimmung zu schützen.
Es sind Abwehrmechanismen, die hier greifen, unbewusste Reaktionen, die tief in uns verankert sind. Ich kann Ihnen aus eigener Erfahrung berichten, wie lang es gedauert hat, mir meines eigenen Mechanismus bewusst zu werden. Als DREI hätte ich Stein und Bein geschworen, dass ich mit Täuschung und Scham nichts zu tun habe. Es hat mich einiges Nachdenken gekostet, mir selbst auf die Schliche zu kommen und mir meine – von Wut oder Arroganz überdeckten – Schamgefühle deutlich zu machen und einzugestehen. Es tut anfangs etwas weh – aber: Wenn Sie Ihre Leidenschaft und Ihren Abwehrmechanismus erkannt und damit Ihr Zentrum herausgefunden haben, haben Sie den Schlüssel zu Ihrem Persönlichkeitstyp in der Hand!

## DIE KRAFT DER ZAHL DREI

Die Grobstruktur des Enneagramms ist eine einfache, aber einleuchtende Einteilung in die drei Intelligenzzentren Herz, Kopf und Bauch. Jedes dieser drei wird dann wiederum in drei Typen unterteilt, sodass sich neun Typen ergeben.
Die Zahl Drei taucht in vielen religiösen und philosophischen Systemen auf: Im Buddhismus als die drei Wurzeln, im Taoismus als Yang, Yin und Chi, bei den Hindus als Vishnu, Shiva und Brahma. Im Ayurveda als die Doshas Vata, Pitta und Kapha. Die ägyptische Mythologie kennt Osiris, Isis und Horus. Die christliche Kirche Vater, Sohn und Heiliger Geist. In den biblischen Geschichten begegnen uns drei Erzengel und es geht um Glaube, Hoffnung, Liebe. Dann sind da Vergangenheit, Gegenwart, Zukunft. Geburt, Leben, Tod. Unser Gehirn hat drei Zentren: die Großhirnrinde für das Denken, das limbische System für das Fühlen und das Stammhirn für das Handeln.

# DIE NEUN PERSÖNLICHKEITS-TYPEN

Zu den Herzmenschen gehören die Typen ZWEI, DREI und VIER. In ihrem Leben geht es um den Kontakt zu anderen. Sie brauchen ein Gegenüber, um sich zu fragen: Was bin ich in deinen Augen wert? Wie bekomme ich deine Anerkennung? Das Grundbedürfnis der Herzmenschen ist, ihrem Ich einen Wert zu geben. Dabei ist die Energie von Typ ZWEI nach außen, auf andere gerichtet, Typ DREI agiert unbewusst und die Energie von Typ VIER ist nach innen, auf sich selbst gerichtet.
Zu den Kopfmenschen gehören die Typen FÜNF, SECHS und SIEBEN. Es sind Menschen, die sich viel mit Sicherheit und Orientierung beschäftigen. Sie fragen sich: Werde ich dem Ganzen hier gerecht? Bin ich hier sicher? Oder: Was plane ich als Nächstes? Ihr Kopf ist ständig aktiv, ihre Beobachtungsgabe ist gut ausgebildet. Dabei ist die Energie von Typ SIEBEN nach außen, auf andere gerichtet, Typ SECHS agiert unbewusst und die Energie von Typ FÜNF ist nach innen gerichtet.
Zu den Bauchmenschen gehören die Typen ACHT, NEUN und EINS. Ihnen geht es darum, ihren Platz in der Welt zu behaupten. Sie orientieren sich, indem sie fragen: Wie bekomme ich, was mir zusteht? Was kann ich zur Harmonie beitragen? Oder: Was lässt sich hier verbessern? Autonomie und Selbstbehauptung stehen ganz vorn. Dabei ist die Energie von Typ ACHT nach außen, auf andere gerichtet, Typ NEUN agiert unbewusst und die Energie von Typ EINS ist nach innen gerichtet.

## HERZ-TYP ZWEI

Der Enneagramm-Typ ZWEI ist einfühlsam und warmherzig. Er sucht die Nähe zu anderen Menschen und steht diesen gern in allen Fragen des Lebens bei – letztlich, um sich unentbehrlich zu machen. Wird die Hilfeleistung von den anderen nicht mit genügend Anerkennung oder Liebe gewürdigt, sind ZWEIER schnell gekränkt und verhalten sich dann schmeichlerisch oder manipulativ. Dieser hilfsbereite und fürsorgliche Typ wird in der Literatur gern als der abhängigste Typ des Enneagramms bezeichnet.

## HERZ-TYP DREI

Der Enneagramm-Typ DREI tritt äußerst selbstbewusst und charmant auf, ist in großem Maße erfolgsorientiert und an einer postiven Wirkung nach außen interessiert. Für ein gewinnversprechendes Projekt arbeitet er viel und gern. Statussymbole und Karriere sind ihm oft wichtiger als der Zugang zu seinen eigenen authentischen Gefühlen. Bei einem Projekt zu versagen oder gar als erfolglos zu gelten, erlebt die DREI als Blamage. Dieser leistungsorientierte und zielstrebige Typ wird in der Literatur gern als der ehrgeizigste Typ des Enneagramms bezeichnet.

ZUM HERZ-INTELLIGENZ-ZENTRUM GEHÖREN DIE TYPEN ZWEI, DREI UND VIER.

## HERZ-TYP VIER

Der Enneagramm-Typ VIER kreiert eine Selbstdarstellung von sich, die unbedingt darin besteht, dass er anders ist als andere. Das kann die unterschiedlichsten Ausprägungen haben – wichtig dabei ist aber das Anderssein. Er ist romantisch, melancholisch und zuweilen neigt er dazu, einen dramatischen Auftritt hinzulegen. Originalität und Kultiviertheit sind für ihn besonders wichtige Werte. VIERER besitzen die Fähigkeit, das Einzigartige und Besondere in sich selbst, aber durchaus auch in anderen Menschen zu sehen. Dieser extravagante und empathische Typ wird in der gängigen Literatur gern als der tiefsinnigste Typ des Enneagramms bezeichnet.

ZUM KOPF-INTELLIGENZ-ZENTRUM GEHÖREN DIE TYPEN FÜNF, SECHS UND SIEBEN.

## KOPF-TYP FÜNF

Der Enneagramm-Typ FÜNF ist ein aufmerksamer, zurückhaltender Beobachter, bei dem das analytische Denken im Vordergrund steht. Wissen und Objektivität haben in seinen Augen einen hohen Stellenwert. Für ihn ist es wichtig, unabhängig zu sein und seine Privatsphäre vor allem zu schützen, was ihm sonst zu nah kommen könnte. Eine FÜNF stellt sicher, dass sie immer genug Distanz zu den Dingen und vor allem zu anderen Menschen wahrt. Dieser wissbegierige und introvertierte Typ wird in der Literatur gern als der unabhängigste Typ des Enneagramms bezeichnet.

## KOPF-TYP SECHS

Der Enneagramm-Typ SECHS ist ein pflichtbewusster, umsichtiger und loyaler Mensch. Er neigt dazu, an sich selbst und auch an anderen zu zweifeln. Verlässlichkeit und Sicherheit sind für ihn besonders wichtig. SECHSER versuchen, Risiken zu vermeiden, um nicht unangenehm überrascht zu werden. Dieser treue und zuverlässige Typ hat eine Besonderheit: Es gibt von ihm zwei Ausprägungen: In der Enneagramm-Literatur wird er gern in der phobischen Variante als der angepassteste Typ des Enneagramms bezeichnet, in der kontraphobischen Variante wird er eher als rebellisch wahrgenommen.

## KOPF-TYP SIEBEN

Für den Enneagramm-Typ SIEBEN haben Unbeschwertheit und Spaß, Lebensfülle und Genuss einen hohen Stellenwert. Für ihn ist es wichtig, sich immer viele Wege offenzuhalten und daher wirkt er auf andere oftmals wenig verbindlich. Ein Motto der SIEBEN lautet: »Man muss die Feste feiern, wie sie fallen!« Dahinter steckt allerdings der Versuch, unangenehmen Gefühlen und alten Ängsten durch Ablenkung auszuweichen – hier ist er sehr ideenreich. Dieser kommunikative und fröhliche Typ wird in der Literatur gern als der narzisstischste Typ des Enneagramms bezeichnet.

## BAUCH-TYP ACHT

Der Enneagramm-Typ ACHT ist eine Kämpfernatur, der sich gern für Gerechtigkeit und für Schwächere einsetzt. Kontrolle und Einfluss zu haben, ist ihm besonders wichtig. ACHTER wirken sehr präsent und haben aus ihrer Sicht alles im Griff. Sie nehmen selten ein Blatt vor den Mund und sticheln, provozieren und streiten gern. Unter ihrer rauen Schale verbirgt sich ein weicher Kern, den sie anderen sehr selten zeigen. Dieser selbstbewusste und durchsetzungsstarke Typ wird in der Literatur gern als der machtorientierteste Typ des Enneagramms bezeichnet.

## BAUCH-TYP NEUN

Dem Enneagramm-Typ NEUN sind Frieden und Harmonie in zwischenmenschlichen Beziehungen von größter Wichtigkeit. Er wirkt in der Regel eher bescheiden, ist ein geduldiger Mensch und mag es nicht, sich konfrontativ mit anderen auseinanderzusetzen. NEUNER neigen dazu, ihre Interessen mit den Interessen anderer zu verschmelzen. Dabei vernachlässigen sie oft ihre eigenen Meinungen, ihre Prioritäten und ihre persönliche Wichtigkeit. Dieser tolerante und ausgeglichene Typ wird in der Literatur gern als der harmoniebedürftigste Typ des Enneagramms bezeichnet.

ZUM BAUCH-INTELLIGENZ-ZENTRUM GEHÖREN DIE TYPEN ACHT, NEUN UND EINS.

## BAUCH-TYP EINS

Der Enneagramm-Typ EINS ist ein disziplinierter und organisierter Typ, der an sich selbst und andere sehr hohe Anforderungen stellt und nach festen Prinzipien lebt. Er gefällt sich in der Rolle des Reformers oder Lehrers: Er weiß, wie es besser werden kann. Andere fühlen sich von ihm oft kritisiert und korrigiert. Unordnung und Unvollkommenheit springen ihn förmlich an und sind ihm ein Graus. Wobei er selbst durchaus seine eigenwillige Art von Ordnung pflegt. Dieser geradlinige und gewissenhafte Typ wird in der Literatur gern als der perfektionistischste Typ des Enneagramms bezeichnet.

# NEUN ÄNGSTE, NEUN ABWEHRMECHANISME

Sie möchten Ihren Typ herausfinden? Dann schauen Sie sich zunächst einr
Abwehrmechanismus und Aufmerksamkeitsfokus zu erkennen. Dies ist

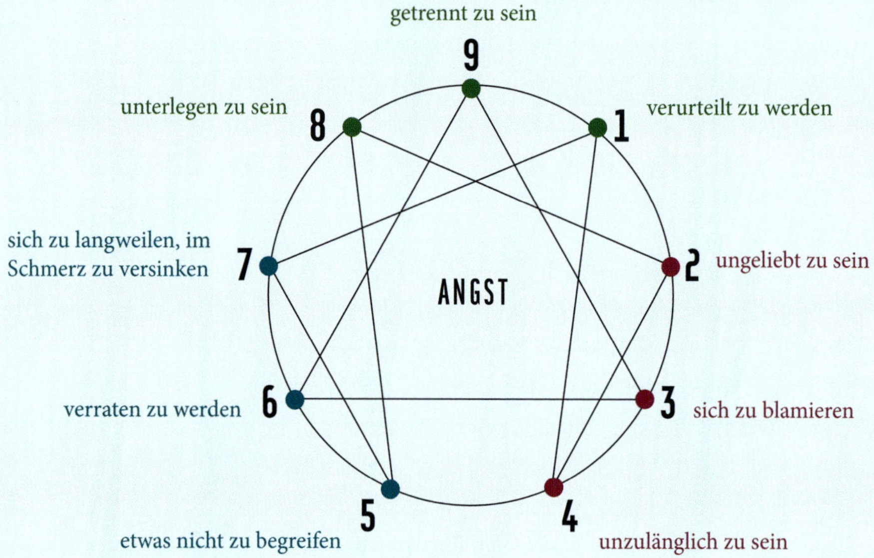


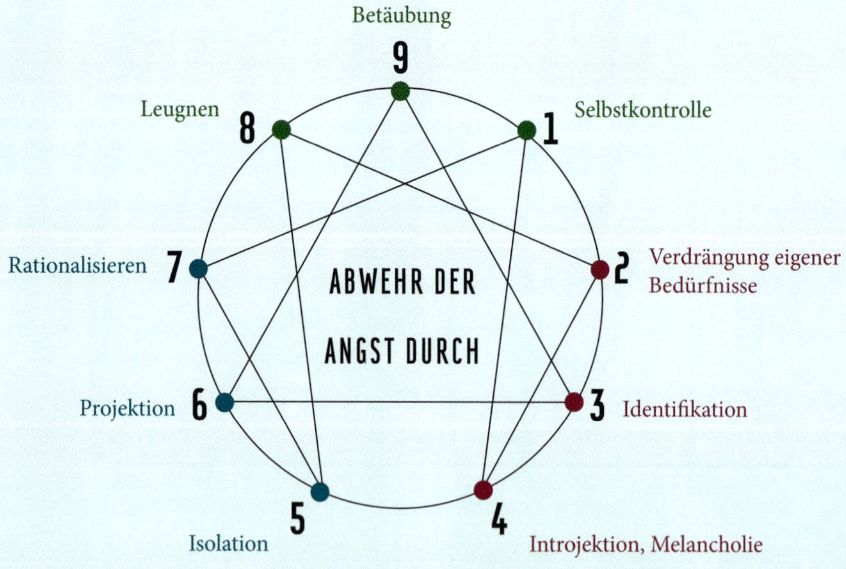

# EUN AUFMERKSAMKEITEN, NEUN FALLEN

e verborgene Angst an. Im nächsten Schritt versuchen Sie den dazugehörigen
te Schritt zur Befreiung und macht die Falle, in die Sie tappen, sichtbar.

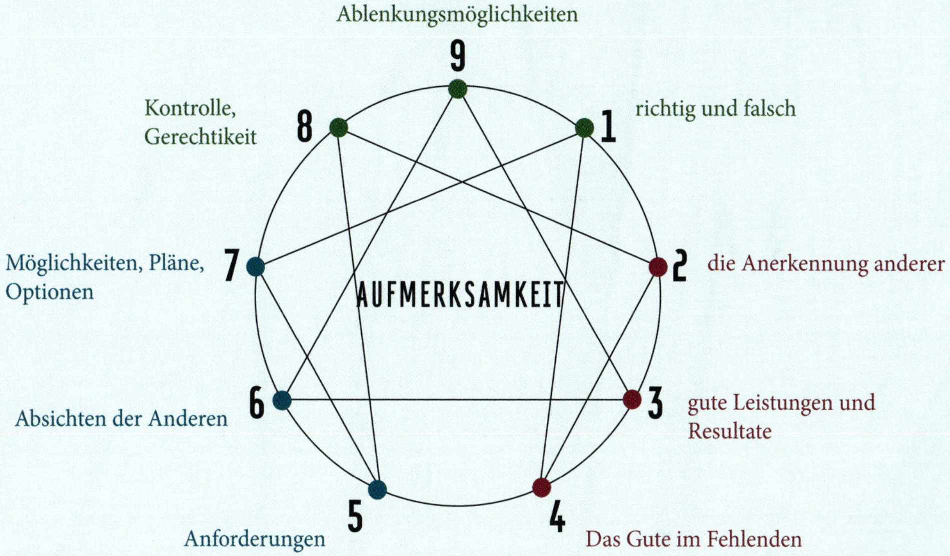


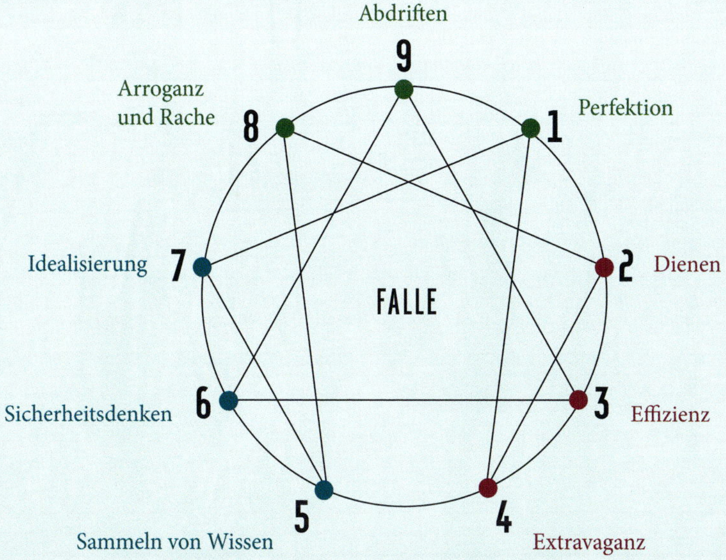

### VERANTWORTUNG – IN NEUN VARIATIONEN

Es ist wirklich nicht so einfach, seinen eigenen Enneagramm-Typ zu bestimmen. Aber: Sie können es lernen, und zwar, indem Sie beginnen, auf gewisse Muster und Themen zu achten und auf die Art und Weise, wie *Sie* damit umgehen. Dies können Sie im Geiste durchspielen anhand von Themen wie Verantwortung, Erfolg, Autorität, Kontrolle, Wut. Jeder Typ reagiert auf diesen Themenkatalog anders. Hier einmal das Beispiel Verantwortung:

Die **ZWEI** übernimmt Verantwortung, weil sie sich um ihre Lieben sorgt und die Fäden in der Hand halten möchte.

Die **DREI**, weil sie das Lob ernten möchte.

Die **VIER**, um individuelle Wege zu finden und als etwas Besonderes zu gelten.

Die **FÜNF** übernimmt Verantwortung, die ihr übertragen wird.

Die **SECHS** übernimmt sie, um ihre Pflicht zu erfüllen.

Die **SIEBEN**, wenn es nach ihrer Nase gehen soll.

Die **ACHT**, um die Kontrolle zu haben.

Die **NEUN** übernimmt Verantwortung, um zu vermitteln.

Die **EINS** übernimmt Verantwortung, weil die anderen es aus ihrer Sicht nicht so perfekt machen würden.

Und, kommen Sie Ihrem Typ näher? Ich empfehle, ihn nicht vorschnell zu bestimmen. Denn dabei besteht die Gefahr, dass Vorlieben, Verdrängungen und Voreingenommenheiten das Bild verzerren.

Viele machen zunächst einmal die im Internet oder in Büchern angebotenen Enneagramm-Tests. Doch ein Testergebnis allein sagt nicht viel aus, bestenfalls kann man es als hypothetischen Ausgangspunkt verwenden. Denn oft kommt uns dabei die Eitelkeit in die Quere, gern schauen wir vor allem auf die Aspekte unserer Persönlichkeit, die wir an uns kennen und mögen, und streiten ab, was wir nicht sehen wollen oder können. Daher mein Tipp: Studieren Sie dieses Buch und stellen Sie sich Fragen wie: »Wohin geht meine Aufmerksamkeit?«, »Wo setze ich Prioritäten?«, »Welche Verhaltensweisen sind typisch für mich?« Beginnen Sie, indem Sie sich mit sich selbst beschäftigen. Nehmen Sie Ihre Eigenheiten in Liebe an und stellen Sie sich Ihren positiven ebenso wie Ihren negativen Seiten. Nach und nach entdecken Sie, welcher Enneagramm-Typ Sie sind. Bei den einen geht es schneller, bei den anderen dauert es. Immer aber ist es wie ein Nach-Hause-Kommen. Und der einzige Mensch, der weiß, wann Sie angekommen sind, sind Sie! Lassen Sie sich Zeit beim Entdecken Ihres eigenen Typs und vor allem bei der Zuordnung Ihrer Mitmenschen. Selbst die erfahrensten Enneagramm-Lehrer hüten sich davor, vorschnelle Einschätzungen abzugeben. Es ist und bleibt ein Weg des Forschens und des immer besseren Kennenlernens. Pamela Michaelis Devise lautet: »Bleiben Sie ein Sherlock Holmes!« Bei einem zertifizierten Enneagramm-Lehrer können Sie eine komplexere Analyse in Form eines Typisierungsinterviews oder ein Seminar buchen. Adressen hierzu finden Sie im Anhang.

### NOCH EINE TESTMÖGLICHKEIT

Nehmen Sie ein Blatt Papier und notieren Sie vier bis fünf Eigenschaften, mit denen Sie sich selbst beschreiben würden. Im nächsten Schritt notieren Sie, wie andere Sie wohl beschreiben würden. Wenn Sie mutig sind, bitten Sie dann Ihre beste Freundin oder Ihren besten Freund, die Höhen und Tiefen Ihres Lebens kennen, ebenfalls vier bis fünf Ihrer Eigenschaften zu notieren. Dann vergleichen Sie die Ergebnisse und lesen in den Kurzbeschreibungen der Typen ab Seite 41, was am besten passen könnte. Die Einschätzung der anderen ist wichtig, so schmoren Sie nicht im eigenen Saft und können sich durch diese Art der schonungslosen Reflexion durch andere selbst näherkommen.

# EIN MODELL ZUR WEITERENTWICKLUNG

## SELBSTERKENNTNIS – DER ANFANG VON ALLEM

Natürlich dient das Enneagramm nicht einfach nur dazu, dass Sie herausfinden, welcher Typ Sie sind, und fertig. Es lädt Sie ein, sich weiterzuentwickeln, sich mit seiner Hilfe auf den Weg zu sich selbst zu machen. Fakt ist, das sage ich gleich hier zu Beginn: Wachstum verläuft nie linear, Sie werden Rückschläge einplanen müssen. Doch befürchten Sie auf diesem Weg nie, dass er Sie nicht weiterführt. Sie werden sich besser verstehen, sich entwickeln, wachsen und Sie können sicher sein: Es kommt immer etwas Gutes dabei heraus! Sie kennen doch sicher den Spruch »Selbsterkenntnis ist der erste Schritt zur Besserung«. Entwicklung setzt Selbsterkenntnis voraus. Grundvoraussetzung dafür

### SICH BEOBACHTEN LERNEN

*Durch die Arbeit mit dem Enneagramm werden wir zu einem Beobachter unserer selbst. Wir werden sozusagen Zeuge unseres eigenen Denkens, Fühlens und Handelns.*

wiederum ist eine aufrichtige und geduldige Auseinandersetzung mit sich selbst. Mit der Zeit werden wir immer erfahrener darin, uns selbst zu beobachten, präsent zu sein und uns immer häufiger ohne Kommentar und Verurteilung einfach nur wahrzunehmen. Was wir früher ohne nachzudenken mit Selbstverständlichkeit so und so gemacht haben, werden wir nach und nach anders erleben, anders fühlen, anders machen und vor allem: Wir werden es auch anders haben wollen! Wir verändern also die Beziehung zu uns selbst, indem wir einen inneren Ortswechsel vornehmen und unserem inneren Beobachter immer mehr Aufmerksamkeit schenken. Wir steigen aus dem automatischen Funktionieren aus. Mit der Zeit bekommen wir ein klares Gefühl dafür: »Ja, ich habe dieses Charaktermuster, aber: Ich bin mehr!«

## WOHIN ZIELT DIE AUFMERKSAMKEIT?

Jeder Mensch entwickelt ein gewisses Maß an Aufmerksamkeit für Dinge, die ihm wichtig sind. Dadurch entstehen Neigungen und Abneigungen, Vorurteile und Eigenarten. Es ist fast so, als würde man im Dunkeln mit einer Taschenlampe durch den Wald laufen und nur das sehen, was man im Lichtstrahl erkennen kann. Alles andere bleibt verborgen! Hat man sich selbst einige Zeit beobachtet, stellt man fest, dass die eigene Aufmerksamkeit immer wieder wie magisch von bestimmten Aspekten angezogen wird, man nur diese wahrnimmt – und alles andere wird komplett ausgeblendet.

Und, stellen Sie sich vor, genauso geht es jedem einzelnen Persönlichkeitstypen des Enneagramms – nur, dass jeder etwas anderes wahrnimmt und etwas anderes ausblendet. Was für ein Chaos! Jeder der neun Persönlichkeitstypen lebt praktisch in seiner Welt, spricht seine Sprache und ist mit seinen Wahrnehmungseinschränkungen behaftet. Hört sich nicht gut an! Aber, jetzt kommt die gute Nachricht: Wenn wir es schaffen, auf unserem Entwicklungsweg wachsam zu bemerken, wohin unsere Aufmerksamkeit automatisch geht, dann wird es möglich, unsere Sichtweise zu ändern, sie auch auf andere Aspekte der Wirklichkeit zu lenken und uns so aus unserem eigenen »Wahrnehmungsgefängnis« zu befreien. In Wahrheit ist es nämlich so, dass uns nicht das

### AUFMERKSAMKEITSFORSCHUNG

Harald Reinhardt, Psychosynthesetherapeut aus Köln, arbeitet unter anderem auch im Bereich der Aufmerksamkeitsforschung und weiß, wie man dort mithilfe der funktionellen Magnetresonanztomografie nachweisen kann: Wohin geht Ihre Aufmerksamkeit? Mit welcher Blickrichtung sind Sie unterwegs? Wie bewerten Sie die Dinge?

Reinhardt sagt: »Das hat eine organisierende Macht auf Ihre Psychologie und eindeutig auch auf die Physiologie. Ändert sich der Aufmerksamkeitsfokus, ändert sich alles!« Wenn unser Fokus auf Wachstum und auf Lösungen liegt, sagen wir nicht mehr: »Das will ich nicht! Das mag ich nicht! Das gefällt mir nicht!« Denn das nützt ja ohnehin nichts. Wir sagen stattdessen: »Wohin möchte ich? Welches Bedürfnis ist da in mir? Was ist die eigentliche, tiefe Motivation meines Handels?« Und schon ist eine ganz andere Kraft und Klarheit da.

Enneagramm in eine von neun möglichen Schubladen steckt, sondern dass wir uns bereits ziemlich am Anfang unserer Persönlichkeitswerdung selbst für eine Schublade, also für eine Überlebensstrategie, entschieden haben. Und genau aufgrund dieser für uns gut funktionierenden Strategie entstand die sogenannte Wahrnehmungsfixierung: Wir machen es einfach immer wieder so, weil es funktioniert. Leider geht diese Fixierung mit einem verengten inneren Standpunkt und einem entsprechenden Realitätsverlust einher.

Das Enneagramm hilft uns beim Erkennen dieser Fixierung ähnlich wie ein Spiegel, der ja auch nicht kategorisiert und einordnet, sondern nur zeigt, was ist. Es geht auch nicht darum, auf unserem Entwicklungsweg unser Charaktermuster abschaffen zu wollen, schließlich sind wir ja zu großen Teilen gut damit gefahren. Doch es geht darum, uns bewusst zu machen, dass es auch noch andere Möglichkeiten und Sichtweisen gibt.

Dies lässt uns zunächst einmal persönlich wachsen und eröffnet uns im nächsten Schritt die Möglichkeit, Empathie für andere Menschen und ihre Sichtweisen zu entwickeln.
Um Ihnen diesen Punkt noch etwas deutlicher zu veranschaulichen, beschreibe ich Ihnen im Folgenden die automatische Ausrichtung der Aufmerksamkeit von jedem der neun Persönlichkeitstypen.

## DIE AUFMERKSAMKEIT DER ZWEI …

… richtet sich automatisch auf die Probleme, Bedürfnisse und Wünsche anderer. Sie stellt sich immer die Frage: »Was kann ich für andere tun?« Das hat zur Folge, dass sie sich von ihren eigenen Problemen, Bedürfnissen und Wünschen abwendet, sie noch nicht einmal wahrnimmt! Auf ihrem Entwicklungsweg hilft es der ZWEI, ihre Aufmerksamkeit auf ihre eigenen Bedürfnisse zu richten, sich diese einzugestehen und sich auch mal helfen zu lassen. Das ist nicht leicht für eine ZWEI, aber darin liegt ihre große Entwicklungschance.

IM ERKENNEN DES EIGENEN FOKUS LIEGT SEHR VIEL POTENZIAL!

## DIE AUFMERKSAMKEIT DER DREI …

… ist fokussiert auf den Gedanken: »Wie muss ich hier sein, damit ich erfolgreich bin und Anerkennung bekomme?« Das hat zur Folge, dass sie sich ein Gespür für das angeeignet hat, was gewünscht wird und was ankommt. Darüber vergisst sie ihre eigenen, echten Gefühle. Auf ihrem Entwicklungsweg hilft es der DREI, ihre Aufmerksamkeit weg von der Anerkennung und dem Applaus anderer hin zu ihren eigenen, authentischen Gefühlen zu lenken und diese auch zuzulassen. Das wiederum fällt der DREI sehr schwer. Dennoch: Es wäre ihr schönstes Projekt!

## DIE AUFMERKSAMKEIT DER VIER …

… bezieht sich gern auf das Beste im Abwesenden und das Schlechte im Anwesenden. Das hat zur Folge, dass das, was im Hier und Jetzt schön ist, ignoriert wird, und das in den Vordergrund rückt, was man gerade nicht haben kann. Auf ihrem Entwicklungsweg hilft es der VIER, ihre Aufmerksamkeit so zu steuern, dass sie bemerkt, was in der Gegenwart bereichernd ist. Das ist ihr erster Schritt in Richtung Befreiung.

## DIE AUFMERKSAMKEIT DER FÜNF …

… beschäftigt sich mit der Frage: »Bin ich gut vorbereitet, werde ich dem Ganzen gerecht? Und hoffentlich überfordert mich das nicht!« Oftmals über- oder unterschätzt sie sich selbst. Das hat zur Folge, dass sie sich schnell unter Druck gesetzt fühlt und sich dann zurückzieht. Auf ihrem Entwicklungsweg hilft es der FÜNF, ihre Aufmerksamkeit zuversichtlich auf ihren wachen Verstand zu richten und sich bewusst auf die Welt da draußen und auf aktives Handeln einzulassen. Das ist für eine FÜNF nicht einfach, aber dort liegt ihr Potenzial.

WAS UNS SCHWERFÄLLT, ZEIGT, WO WIR LERNEN KÖNNEN.

## DIE AUFMERKSAMKEIT DER SECHS …

… wittert hinter vielen Situationen etwas Bedrohliches. Oft überlegt die SECHS, was möglicherweise schiefgehen könnte. Hinter der freundlichen Art einer Person vermutet sie zu oft, dass diese es nicht ehrlich meint, und spinnt sich nicht so friedliche Beweggründe zusammen, die der andere haben könnte. Das hat zur Folge, dass sie sich selbst oft verunsichert und zu zweifeln beginnt. Auf ihrem Entwicklungsweg hilft es der SECHS, ihre Aufmerksamkeit darauf zu lenken und darauf zu vertrauen, was im Moment glaubhaft, sicher und zuverlässig ist. Das ist für eine SECHS von großer Bedeutung und würde ihr Ruhe geben.

## DIE AUFMERKSAMKEIT DER SIEBEN …

… geht automatisch weg von negativen Gedanken und Gefühlen, von Schmerz, Angst, Leid, Begrenztheit und Langeweile. Die SIEBEN richtet ihre Aufmerksamkeit auf die vielen schönen Alternativen und Möglichkeiten, die das Leben bietet – ihre Medaille hat nur eine Seite. Das hat zur Folge, dass sie ständig vor Problemen und möglicherweise schwierigen Situationen wegläuft und auf diese Weise nie wirklich zur Ruhe kommt. Auf ihrem Entwicklungsweg hilft es der SIEBEN, ihre Aufmerksamkeit auf das Erleben von negativen Erfahrungen zu richten, dies zuzulassen und auszuhalten. Das ist für eine SIEBEN schwierig, würde sie aber komplettieren.

## DIE AUFMERKSAMKEIT DER ACHT ...

... gilt dem Innehaben von Kontrolle und Macht über Situationen und andere Menschen. In unbekannten Umgebungen sondiert die Aufmerksamkeit der ACHT, ob sie die Führung übernehmen kann. In gewohnten Situationen geht es darum, sie zu behalten. Das hat zur Folge, dass die ACHT auf andere oft sehr dominant wirkt. Auf ihrem Entwicklungsweg hilft es ihr, die Aufmerksamkeit für ihre eigenen, durchaus weichen und liebevollen Gefühle zu sensibilisieren und auch mal einen Schritt zurückzutreten. Dies würde die ACHT weniger autoritär erscheinen lassen.

JEDER ENNEAGRAMM-TYP HAT SEINE EIGENE FOKUSSIERUNG IN SACHEN AUFMERKSAMKEIT.

## DIE AUFMERKSAMKEIT DER NEUN ...

... geht weg von der eigenen Person und schaut auf Bedürfnisse, Vorhaben und Ansichten anderer. Dadurch äußert die NEUN selten ihre eigenen Wünsche und passt sich oftmals zu sehr an. Das schließt mit ein, dass sie Auseinandersetzungen aus dem Weg geht und eher – wenn überhaupt – passiv rebelliert. Auf ihrem Entwicklungsweg hilft es der NEUN, ihre Aufmerksamkeit auf sich selbst und ihre eigenen Interessen zu lenken, diese wichtig zu nehmen und sie überzeugend zu äußern. Dies würde die NEUN als eigenständige Persönlichkeit wachsen lassen.

## DIE AUFMERKSAMKEIT DER EINS ...

... befasst sich immer wieder mit der Frage: »Was muss hier noch verbessert werden, damit Perfektion erreicht wird?« Alles, was zur Perfektion fehlt, zieht ihre Aufmerksamkeit wie magisch an. Das hat zur Folge, dass sie die Welt als einen Platz voller zu korrigierender Fehler wahrnimmt. Auf ihrem Entwicklungsweg hilft es der EINS, dass sie sich so oft wie möglich bewusst macht, was alles im Hier und Jetzt schon richtig, gut und auf seine Weise perfekt ist. Dies ist nicht ganz einfach für eine EINS, doch diese Blickrichtung wird ihr die ersehnte Entspannung im Leben bringen.

## DIE AUFMERKSAMKEITSFIXIERUNG ERKENNEN

Ich kann Ihnen nur empfehlen: Beobachten Sie ab sofort Ihre Fixierung im Alltag. Seien Sie wachsam und lernen Sie, sich immer öfter dabei zu ertappen, wenn eine festgefahrene Verhaltensweise in Aktion tritt. Bemerken Sie auch, wie Sie diese Verhaltensweise entschuldigen oder sogar rechtfertigen.

Das Schöne ist: Durch dieses Beobachten erreichen Sie eine stetig zunehmende Bewusstheit. Auch die anderen Menschen werden Sie dabei immer besser zu beobachten und einzuschätzen lernen.

Doch beurteilen Sie bei all dem nicht nur die Handlung an sich, fragen Sie also nicht vordergründig: »Warum tut er dies? Warum tut sie das? Warum tue ich jenes?«, sondern fragen Sie sich immer: »Was hat das Ganze mit mir zu tun? Welche Strategie setze ich immer wieder ein? Welche eigentliche, tiefe Motivation ist der Antrieb meines Handelns?« Versuchen Sie nicht, logisch zu verstehen, nicht zu interpretieren oder einzuordnen, sondern versuchen Sie, vor allem intuitiv zu erfahren: »Was macht das Ganze wirklich mit mir?« Spüren Sie, wie es sich anfühlt! Berührt sein von etwas bedeutet, es auch viel besser annehmen und verstehen zu können.

Es ist wie bei einem Streit, bei dem wir auch oft erst hinterher verstehen, was eigentlich los war. Bestenfalls merken wir dann, dass wir viel mehr in diesen Streit hineingebracht haben, als wir kurz zuvor noch hätten sagen können: Dinge, die gar nicht zum ursprünglichen Auslöser gehörten; Empfindungen, die eigentlich nur etwas mit uns selbst zu tun haben. Gefühle wie Angst, Zweifel, Wut, Hass, Neid, Eifersucht, Ohnmacht, Rache, Scham, Reue oder Kleinheit, die wir uns nicht eingestehen wollen oder können. Die Abwehrstrategie setzte ein – und sie kann ziemlich heftig ausfallen. Erst hinterher merken wir, dass wir womöglich

auch noch unsere unterschwellige Gehässigkeit zum Vorschein kommen ließen, um von etwas in uns selbst abzulenken. Das ist nicht angenehm – aber es bringt uns weiter, wenn wir es mit Bewusstheit erkennen.
Ein guter Selbstbeobachter, der sein persönliches Verhaltensmuster und die eigene, tiefer liegende Motivation immer öfter wahrnimmt, wird man nicht über Nacht. Es ist ein faszinierender Weg dahin. Aber es ist auch anstrengend, sich immer wieder auf die Lauer zu legen, um sich selbst zu erwischen. Oder anders ausgedrückt: sich immer wieder selbst aus der Narkose der Gewohnheiten aufzuwecken.

*»WÄHREND ICH MICH AN DEINEN GRENZEN STOSSE, WERDEN MEINE SICHTBAR.«*
*KURT TEPPERWEIN*

Auch gibt es Momente, in denen wir das Wissen um unsere Verhaltensweisen am liebsten ausziehen und wie eine Jacke an die Garderobe hängen möchten. Dann ist es einfach nur lästig. Doch dann kommen wieder diese wundervollen Situationen, wenn der innere Beobachter uns auf die Schulter tippt und sagt: »Hallo, da bist du doch schon wieder in die Falle getappt!« Ja, wir haben es bemerkt! Prima!
Und irgendwann sehen wir uns dabei zu, wie wir im richtigen Moment sinnvoller handeln. Was für ein Erfolg!

## DAS TRAINING DER AUFMERKSAMKEIT

Als Freizeitsportlerin hilft mir der Vergleich zwischen der Arbeit an unserem Geist und der an unserem Körper: Unsere Muskulatur bleibt nur kräftig, wenn wir sie regelmäßig trainieren. Doch auch hier gehören Anspannung und Entspannung zusammen. Genau wie beim »Muskel« der Aufmerksamkeit: Ohne regelmäßige Übung des inneren Beobachters erschlafft auch dieser wieder. Und ohne eine gewisse Entspannung, zum Beispiel durch eine gute Portion Humor, verliert man schnell die Lust. Also: Bleiben Sie dran!

# DIE FARBEN DES REGENBOGENS

Die folgenden Kapitel bieten Ihnen einen Überblick zu jedem einzelnen Enneagramm-Typ. Beginnend mit der ZWEI, endend mit der EINS. Diese ungewöhnliche Zählweise ist wegen der Zuordnung in die drei Intelligenzzentren nötig: dreimal Herz, dreimal Kopf, dreimal Bauch. Gehört aber nun wirklich jeder exakt zu einem Typ? »Ich glaub, ich bin ein Mischtyp. Kann ich nicht auch Anteile von mehreren Enneagramm-Typen haben?« Diese Frage wird sehr häufig gestellt. Jedem ist klar, dass es nicht nur neun unterschiedliche Menschentypen auf der Welt geben kann. Im Enneagramm gibt es zwar die neun Hauptcharaktere, die uns anfangs helfen, eine gewisse Übersicht zu bekommen, aber es gibt unzählige individuelle Varianten. Um denen gerecht zu werden, achtet man zusätzlich darauf, welche »Flügel« ein Typ zum Nachbartyp besitzt. Zur Identifizierung dienlich sind auch der Stress- und der Relaxpunkt.

## DIE MISCHUNG MACHT'S

*Stellen Sie sich einen Regenbogen vor: Obwohl Sie die Farben Rot, Orange, Gelb, Grün, Hellblau, Indigo und Violett ganz deutlich erkennen, können Sie trotzdem nicht sagen, wo genau die eine Farbe anfängt und an welcher Stelle die nächste Farbe beginnt.*

## DIE FLÜGEL

Da das Enneagramm ein dynamisches Persönlichkeitsmodell ist, ist es ganz natürlich, dass man sich zu mehr als einem Persönlichkeitstyp und dessen Eigenschaften zugehörig fühlt. Das liegt unter anderem daran, dass sich unsere Persönlichkeit mit den Eigenschaften der Typen mischt, die im Enneagramm rechts und links von uns liegen. Jeder Haupttyp wird also von seinen sogenannten Flügeltypen beeinflusst, die ihm eine besondere Färbung verleihen. Pflegt man beispielsweise den Enneagramm-Stil EINS, so hat man einen Flügel zur NEUN und einen zur ZWEI. Je nach Stärke dieser Flügel erhält man einen individuellen Typus. Eine pure EINS gibt es in diesem Sinne nicht.

## DER STRESS- UND RELAXPUNKT

Es existieren aber nicht nur diese »nachbarschaftlichen« Verbindungen der Typen, sondern auch noch Querverbindungen. Vielleicht haben Sie auf Seite 24 / 25 in der Grafik gesehen, dass es Linien zwischen den neun Zahlen gibt. Sie zeigen spezifische Verbindungen zwischen den einzelnen Charaktermustern auf.

Dies ist vielleicht sogar einer der faszinierendsten Aspekte des Enneagramms! Claudio Naranjo beschreibt es so: »Die neun Charaktertypen stellen nicht einfach eine Ansammlung von Persönlichkeitsstilen dar, sondern (…) ein geordnetes Ganzes von Charakterstrukturen, zwischen denen man bestimmte Beziehungen feststellt, je nachdem, ob sie nebeneinanderstehen, kontrastieren, Polaritäten bilden und anderes mehr.«[2] In Stresssituationen nutzen wir zum Beispiel zunächst einmal die Abwehrmechanismen unseres eigenen Persönlichkeitstyps. Nimmt der Stress zu, wird es also eng, bedrohlich und unkontrollierbar, bewegen wir uns zu dem Punkt, der als Linie von uns weg geht, auf unseren Stresspunkt zu.

Die natürliche Reaktion unseres Körpers auf eine Belastungssituation lässt sich evolutionsbiologisch erklären: In Bruchteilen von Sekunden schüttet der Körper Stresshormone aus und wir können blitzschnell reagieren – daher die Richtung von uns weg. Sie symbolisiert, wie unvermeidlich, unüberlegt und schnell dies passiert. An diesem sogenannten

Stresspunkt bedienen wir uns zusätzlich der Abwehrmechanismen des anderen Typs und bereichern so unser Verhaltensrepertoire. Dies hilft in dem Moment, Druck abzulassen, löst aber nicht unser Problem.
Befinden wir uns dagegen in einem entspannten Gemütszustand, fühlen wir uns geborgen, sicher und wohl, dann verlieren viele Themen, die uns sonst unter Druck setzen, ihre Wichtigkeit. Dauert dieser Zustand länger an, nehmen wir zusätzlich die positiven Eigenschaften des uns entgegenkommenden Typs an, die Qualitäten unseres Relaxpunktes. Wir holen uns dort, was in unserem eigenen Typ nicht so ausgeprägt vorhanden ist.
In Balance zu bleiben, die Leichtigkeit des Lebens zu erfahren und die eigene Persönlichkeit zur vollen Zufriedenheit zu entfalten, all das ist das Ergebnis persönlicher Entwicklungsarbeit – das wird mit der Verbindungslinie verdeutlicht. Sie symbolisiert, dass eine Aufgabe auf uns zukommt, die es zu bewältigen gilt. Je nach Bewusstheitsgrad bedienen wir uns auch der negativen Eigenschaften des Relaxpunktes und der positiven Eigenschaften des Stresspunktes.

## DER SPIRITUELLE ASPEKT

Mir ist über die Jahre der begeisterten Beschäftigung mit dem Enneagramm immer klarer geworden, dass das Wesentliche an dieser Lehre die persönliche Weiterentwicklung ist. Je intensiver ich das En-

### QUALITÄTEN INTEGRIEREN

Wenn wir uns verändern und innerlich wachsen wollen, sollten wir bestrebt sein, die positiven Eigenschaften der Flügel und Linien in unsere Persönlichkeit zu integrieren und sie zu kultivieren. Unsere negativen Eigenschaften dürfen wir auf diesem Weg erkennen und annehmen. Dann wird sich etwas verändern, und zwar ganz ohne den Zwang, dass wir etwas verändern müssten.

neagramm studierte, umso mehr wurde mir bewusst, wie umfangreich nicht nur die psychologische, sondern auch die spirituelle Dimension ist, die es uns offenbart. Ich erkannte, dass die ursprüngliche Intention des Enneagramms der Transformation der Persönlichkeit diente und damit rein spiritueller Natur war. Es geht daher auch nicht darum, dass wir unsere Persönlichkeit immer besser ausfeilen, sondern darum, dass wir über ihre Strukturen hinausgehen, dass wir uns über sie hinaus entwickeln, dass wir großzügiger und weiser werden.

Als Coach war ich natürlich am Beginn meiner Recherchen erst einmal von der psychologischen Seite begeistert. Und ehrlich gesagt fand ich die spirituelle Seite des Enneagramms auch sehr schwer verständlich. Ich selbst hatte bis zu diesem Zeitpunkt kaum Erfahrungen damit gemacht, einen Moment spiritueller Tiefe wirklich bewusst wahrzunehmen oder einfach als solchen zu erkennen.

DER SPIRITUELLE WEG IST DAS HAUPTGERICHT.

Aus meiner heutigen Sicht und nach langen Gesprächen mit erfahrenen Enneagramm-Kennern und auch mit spirituellen und geistlichen Lehrern ist mir bewusst geworden, dass es grundlegend verschiedene Möglichkeiten gibt, mit dem Enneagramm und seinen Charakteren zu arbeiten. Intellektuell kann man sich mit der psychologischen Seite des Modells beschäftigen und es zur persönlichen Entwicklung nutzen, um zum Beispiel mehr Wertschätzung für sich selbst und andere zu erlangen, ein größeres Empathievermögen zu entwickeln und mehr Ausgeglichenheit und innere Ruhe zu finden.

Spirituell geht es noch um einiges darüber hinaus. Hier unterstützt das Enneagramm die Menschen, die sich auf den Weg begeben, um sich von ihrer Ego-Struktur zu lösen. Es unterstützt diejenigen, die sich ernsthaft auf die Suche begeben haben, die wirklich ihrem tiefsten inneren Selbst begegnen wollen. Ich lade Sie an dieser Stelle herzlich ein, sich ebenfalls auf den Weg zu machen, das Enneagramm immer besser kennenzulernen, es tiefer zu erforschen und zu Ihrem Nutzen und für Ihre Entwicklung einzusetzen.

VERMITTLER
PERFEKTIONIST
HELFER
DYNAMIKER
INDIVIDUALIST
BEOBACHTER
SKEPTIKER
OPTIMIST
KÄMPFER

# TYP ZWEI

*DER WOHLMEINENDE HELFER,
DER RATGEBER, DER RETTER,
DER UNTERSTÜTZER,
DER FÜRSORGLICHE, DER ASSISTENT,
DIE MUTTER*

# »LIEBE WILL NICHT, LIEBE KÄMPFT NICHT, LIEBE WIRD NICHT, LIEBE IST!«

*NENA*

## DER ERSTE EINDRUCK

Betritt eine ZWEI den Raum, hat man das Gefühl, die Sonne geht auf. ZWEIER wirken sympathisch, offenherzig und lebenslustig. Sie sind kontaktfreudig und kommunikativ. Die Nähe zu anderen ist ihnen sehr wichtig, und oft sind sie es, die durch ihre herzliche und fürsorgliche Art für eine gute Atmosphäre sorgen. ZWEIER sondieren überall sofort die Anwesenden und wissen intuitiv, wer wichtig und tonangebend ist. Sie fragen sich: »Finde ich hier jemanden, mit dem ich warm werde? Mit wem liege ich auf der gleichen Wellenlänge?«

Sie gehen mit einem Lächeln und strahlenden Augen auf andere zu und zeigen sich dabei gern verständnisvoll bis verführerisch. Sie wollen gesehen werden und unbedingt Beziehungen aufbauen. Auf einer unbewussten Ebene suchen sie gefühlsmäßig nach jemandem, der in der Lage ist, ihr Bedürfnis zu befriedigen, wichtig für andere zu sein.

ZWEIER messen die Freude ihres Lebens daher auch an der Intensität ihrer Freundschaften und Beziehungen. Sie sind stolz darauf, gebraucht zu werden, und dementsprechend machen sie sich gern unentbehrlich.

| WAS VERBIRGT SICH UNTER DER OBERFLÄCHE? | |
|---|---|
| **unbewusste Grundangst** | die Beziehung zu verlieren, nicht mehr gemocht zu werden |
| **spontanes Angstgefühl** | beim anderen nicht anzukommen |
| **Grundbedürfnis** | gut mit anderen in Beziehung zu sein |
| **unbewusste Ego-Botschaft** | »Alles ist gut, wenn du von anderen gemocht wirst und ihnen nahe bist.« |
| **Abwehrmechanismus** | Unterdrückung der eigenen Bedürftigkeit |
| **Leidenschaft** | Stolz, ausgelebt als Schmeichelei |
| **Extreme** | empathisch – emotional instabil |
| **benötigte Stärke** | echte Demut ohne Selbstverleugnung |
| **Überlebensstrategie** | eigene Bedürfnisse missachten, sich um andere kümmern und sorgen |
| **Sprachstil** | beratend, wissend, schmeichelnd |
| **Spitznamen** | Mutter Teresa, Groupie |

Sie haben einfach einen Blick dafür, wem sie mit Rat und Tat helfen könnten. Sie sind stets bestrebt, selbstlos, großzügig, zuvorkommend und hilfsbereit durchs Leben zu gehen.

## DAS MITEINANDER

Für ZWEIER, egal ob männlich oder weiblich, ist die Familie Dreh- und Angelpunkt des Lebens. In ihrem Zuhause herrscht eine Atmosphäre von Herzlichkeit und Nähe. Viele liebe Gewohnheiten und kleine Rituale werden gepflegt, wie die Gutenachtgeschichte für die Kinder, die lecker belegten Pausenbrote für den Partner, der tägliche Anruf bei den Eltern oder das hübsche Zwischendurch-Geschenk für die Freundin. ZWEIER richten ihre Aufmerksamkeit unentwegt nach außen und speziell darauf, wie sie bei anderen ankommen. Sie wollen gefallen und

### GROSSE ZWEIER-PERSÖNLICHKEITEN

Folgende Persönlichkeiten waren oder sind sehr wahrscheinlich **ZWEIER**: Mutter Teresa, Elizabeth Taylor, Maria Magdalena, Melanie Griffith, Barry Manilow, Paul McCartney, Desmond Tutu, Senta Berger, Pamela Michaelis.

gemocht werden. Gleichzeitig glauben sie, dass andere von dem, was sie geben oder zurückhalten, abhängig sind. Sie nehmen an, dass die anderen ohne ihre Hilfe nicht zurechtkommen, und springen gern ein, wenn ihrer Ansicht nach etwas gebraucht wird, sei es finanzielle Unterstützung, mitfühlendes Zuhören oder tatkräftige Hilfe in allen Belangen. Gebraucht zu werden und Gutes zu tun weckt ihre Lebensgeister und motiviert ZWEIER zum Handeln. Vieles, was sie für andere tun, entsteht allerdings aus mangelndem Selbstwert. Dieser Selbstwert ist bei ihnen allein davon abhängig, wie andere auf sie reagieren.

In Paarbeziehungen repräsentieren weibliche ZWEIER die Idealfrau der westlichen Gesellschaft: die perfekte Supermutter, die fürsorgliche Ehefrau, die allerbeste Freundin. Doch auch Männer können ZWEIER sein und zeigen sich dann als besorgter Übervater, treu sorgender Ehemann oder der beste Kumpel, mit dem man Pferde stehlen kann.

ZWEIER pflegen familiäre und zwischenmenschliche Kontakte und sorgen dafür, dass diese nicht abbrechen. Sie erleben das größte Glück ihres Lebens im Zusammensein mit Bekannten, Freunden, Kollegen und Familie – es ist ihre emotionale Basis, in guter Beziehung mit anderen Menschen zu sein. Eine Klientin beschrieb das ZWEIER-Dasein sehr anschaulich: »Als ich 50 wurde, sinnierte ich über mein Leben und fragte mich, wie viele Freunde ich besaß. Mir wurde bewusst, dass ich nicht unbedingt viele, aber lange und tiefe Freundschaften pflegte. Nie käme ich von mir aus auf die Idee, eine Freundschaft zu beenden, es sei denn, ich würde nicht mehr von dieser Person gemocht. Das würde meinen Stolz verletzen, schließlich gehört es zu meinem Selbstbild, gut in Beziehung mit anderen zu sein. Gemocht zu werden ist mein Lebenselixier. Es ist die Freude, die Intensität, die ich im Zusammensein mit anderen Menschen spüre. Besonders stolz bin ich darauf, auch mit schwierigen Menschen gut auszukommen. Wir ZWEIER können Beziehung wirklich gut. Wir spüren uns durch andere, durch das In-Beziehung-Sein. Selbst mit dem Taxifahrer und dem Bäcker um die Ecke wollen wir einen guten Kontakt haben.«

Das Wohnumfeld einer ZWEI ist gemütlich und ansprechend. Es gibt viel Platz für Gäste – und wenn's mal ein paar mehr werden: auch nicht schlimm. Dann werden einfach noch ein paar Tische und Stühle dazugestellt – da sind ZWEIER ganz pragmatisch. Weniger kommt es ihnen auf das perfekt gestylte Zuhause als auf eine behagliche, warme Atmosphäre an. In einem ZWEIER-Heim ist immer »Tag der offenen Tür«, hier bekommt man auch spätabends noch, was im eigenen Haushalt gerade fehlt. Auch telefonisch sind ZWEIER immer erreichbar und stehen einer Telefonseelsorge in nichts nach.

TYP ZWEI: HERZ-INTELLIGENZZENTRUM

Das Häusliche ist einfach ihr Bereich. ZWEIER kochen gern und gut für ihre Lieben und sind exzellente und großzügige Gastgeber. Sind sie mit sich allein und ist niemand in Reichweite, um den sie sich kümmern könnten, kann es allerdings auch schon mal passieren, dass es für sie selbst nur eine Tiefkühlpizza oder gar nichts zu essen gibt.

## DIE GABE DER ZWEI

*Wir dürfen uns bei Typ ZWEI bedanken, denn ZWEIER besitzen die große Gabe, sich an andere anzupassen, um mit ihnen gut in Beziehung zu kommen.*

### TYPISCHE GEDANKEN EINER ZWEI

»Ich bekomme Liebe, Zuneigung und Anerkennung, wenn ich für andere da bin und ihnen helfen kann.«
»Die Bedürfnisse anderer sind wichtiger als meine eigenen.«
»Ich brauche keine Hilfe. Ich schaffe alles allein.«
Gedanken über Mitmenschen: »Die anderen sind bedürftig.«

Für die Pflege ihrer Freundschaften organisieren sie gern Feste. Sie lieben es, dabei die Fäden in der Hand zu halten. Geben ZWEIER eine Party, gibt es von allem reichlich. Bietet jemand an, etwas mitzubringen, einen Salat, ein Dessert oder Kuchen, haben ZWEIER in der Regel Schwierigkeiten, dies anzunehmen, obwohl sie sich zugleich darüber freuen. Doch irgendwie kommt es ihnen nicht in den Sinn, dass andere auch mal etwas für sie tun könnten. ZWEIER reißen sich ein Bein aus, um auf ihrer Party jedem fürsorglich gerecht zu werden. Kaum jemand schafft den Spagat zwischen Gastgeber und Kellner so gut wie sie.

## LIEBE UND ZWEISAMKEIT

ZWEIER erleben Liebe und Partnerschaft als ein Dahinschmelzen des Widerstandes, als Verführen und Verführtwerden. Eine ZWEIER-Klientin erzählte: »Ich suche mir häufig jemanden aus, an den man schwer herankommt, der nicht leicht zu haben ist. Das macht die Sache erst richtig spannend!«
Eine Beziehung ist für Typ ZWEI dann am aufregendsten, wenn Hindernisse überwunden werden müssen und man sich des anderen nicht sicher sein kann. Durch ihr gutes Einfühlungsvermögen spüren ZWEIER in einer Begegnung genau, was der andere braucht, was ihm guttut und was tatkräftig unternommen werden kann, um ihn zu unterstützen. Sie sind, wenn man es mit einem indianischen Sprichwort ausdrücken will, in der Lage, in den Mokassins des anderen zu gehen. Sie besitzen die Fähigkeit, die Welt aus den Augen des anderen zu sehen.

Fangen ZWEIER an, sich selbst ehrlich zu reflektieren, beginnt oft die Ernüchterung. Dann müssen sie sich eingestehen, dass hinter der großzügig gewährten Unterstützung oft eine eigene Erwartungshaltung steckt: Sie wollen für ihre Fürsorge Dankbarkeit oder auch mal eine Gegenleistung erhalten. Bekommen sie diese Wertschätzung nicht, greifen sie zu verschiedenen Strategien. Eine Klientin beschrieb ihre Vorgehensweise so: »Entweder beginne ich, mit unterschwelligem Klagen auf mich aufmerksam zu machen, was meinem Gegenüber ein schlechtes Gewissen machen soll. Oder ich fange an, hinter seinem Rücken über die Sache zu reden, da ich zu feige bin, es ihm direkt zu sagen. Wie oft habe ich in meinem Leben gedacht: Wie selbstsüchtig die anderen doch sind!« Erreichen sie ihr Ziel nicht, entlädt sich ihr Zorn gern in einem Gewitter aus Anklagen, Schuldzuweisungen und Vorwürfen. Für ZWEIER selbst ist so etwas allerdings nur eine mit Emotionen aufgeladene Episode, die keinerlei Groll zurücklässt. Wenn sie ihre Phase des Verletztseins hinter sich gebracht haben, stehen sie wieder auf und sehen zu, dass sie die Beziehung schnell neu in Ordnung bringen.

SONG DER ZWEIER: »I WANNA BE LOVED BY YOU« VON MARILYN MONROE

Die ZWEI kennt noch eine andere Strategie, um ihre unausgesprochenen Erwartungen erfüllt zu bekommen: Ohne dass es ihr immer bewusst ist, setzt sie Schmeicheleien und Nettigkeiten ein, um hintenrum auf Umwegen ihr Ziel zu erreichen.

## ZWEIER IM BERUF

Im Job sind ZWEIER am liebsten die »Macht hinter dem Thron«: die Chefsekretärin oder der stellvertretende Filialleiter, die dem Chef den Rücken freihalten. Sie bereiten Informationen auf und wissen, wer für ein Projekt wichtig ist. Aber Vorsicht, wenn eine ZWEI gibt, dann will sie dafür auch etwas bekommen. Wie es Helen Palmer beschreibt: »Wenn eine ZWEI einen Schirm anbietet, will sie vor dem Regen geschützt werden. Wenn sie an einen Geburtstag denkt, will sie, dass man auch an ihren denkt. Wenn sie Hilfe offeriert, erwartet sie wahrscheinlich, in eine erfolgreiche Unternehmung einbezogen zu werden.«[3] Doch es sind weniger materielle Dinge, die für sie wichtig sind, sie will im System eine bedeutende Rolle spielen! Oft denkt sie: »Ohne mich läuft hier doch sowieso nichts!« ZWEIER, die sich mit ihrer Leidenschaft, dem Stolz, auseinandergesetzt haben, kennen das aufgeblähte Selbstwertgefühl, das sich einstellt, wenn sie für das bewundert werden, was sie gegeben oder geleistet haben.

Sind ZWEIER in der Führungsposition, übernehmen sie selten den üblichen Managerstil, sondern legen Wert auf Menschlichkeit. Sie fördern und unterstützen ihre Angestellten und haben ein Gespür dafür, die Mitarbeiter so zusammenzubringen, dass sich alle wohlfühlen. ZWEIER sind Teamplayer; auch hier haben sie immer ein offenes Ohr für die Sorgen ihrer Kollegen und wirken wohltuend auf das Betriebsklima ein. Oft findet man ZWEIER in Berufen, in denen sie viel Kontakt zu anderen haben, selten in solchen, die ein bestimmtes Schema oder eine feste Struktur vorschreiben. Treffen Sie im Job auf eine Person, die schon in der ersten halben Stunde fragt, ob sie Ihnen helfen kann, oder sogar ungefragt etwas für Sie tut, dann sind Sie vermutlich einer ZWEI begegnet.

### EIN TYPISCHES ZWEIER-LAND ...

... ist Italien. Hier verbinden sich Herzlichkeit, Gastfreundschaft und Mutterkult. Italiener leben gern in einem starken Familienverbund: »la nonna«, »la mamma« und »il padrone di casa« bilden den Mittelpunkt einer großen Familie. Traditionen und zwischenmenschliche Beziehungen sind wichtiger als alles andere. Italiener sind großzügige, freundliche und gesellige Menschen, die ihre Zeit am liebsten mit Freunden und Familie verbringen. Hier darf es laut sein! Während bellende Hunde und lachende Kinder um den Tisch toben, versorgen die Frauen alle mit leckerem Essen und gutem Wein und der Padrone hält seine Rede zum aktuellen Tagesgeschehen.

## STRESS- UND RELAXPUNKT DER ZWEIER

| Stresspunkt | Relaxpunkt |
|---|---|
| Wenn ZWEIER unter Stress stehen, weichen sie zum Enneagramm-Typ ACHT aus. Die Fassade ihrer Uneigennützigkeit bröckelt dann und sie nutzen die typische Stärke der ACHT, um Tacheles zu reden. Fühlen sie sich ungerecht behandelt oder nicht genügend wertgeschätzt, reagieren sie gereizt und laut. Andere erleben ZWEIER dann als überraschend klar, vereinnahmend und bisweilen sogar als herrisch. Wird der Stress übermächtig, werden ZWEIER noch härter und unnachgiebiger und sie agieren dann selbstbezogen und aggressiv. Wenn sie den positiven Aspekt der ACHT nutzen, gewinnen sie hingegen an Selbstvertrauen und beginnen, sich mehr um ihre eigenen Interessen zu kümmern. | Wenn ZWEIER sich wertgeschätzt und geborgen fühlen, gehen sie zum Enneagramm-Typ VIER weiter. Sie beginnen, sich selbst und ihre schmerzhaften Gefühle zu spüren und zu reflektieren. Die Erkenntnis, dass sie sich ständig verbiegen und fast ausschließlich im Dienste anderer unterwegs sind, hat zur Folge, dass sie ohne Befürchtung vor Zurückweisung lernen, auch mal Nein zu sagen und besser für sich zu sorgen. Am Relaxpunkt sind ZWEIER eher dazu fähig, sich selbst wichtig zu nehmen und als eigenständige Wesen zu existieren. Wenn sie hingegen den negativen Aspekt von Typ VIER annehmen, werden sie melancholisch und ziehen sich zurück. |

## WARUM SIND ZWEIER, WIE SIE SIND?

In ihrer Kindheit haben viele ZWEIER die Erfahrung gemacht, dass sie genau dann Zuneigung und Aufmerksamkeit bekamen, wenn sie sich um die Bedürfnisse wichtiger Bezugspersonen kümmerten. Frühzeitig lernten sie auf diese Weise, lieb, nett und fügsam zu sein und durch Hilfsbereitschaft ihre Eltern und ihr gesamtes Umfeld zufriedenzustellen. Dies erforderte stets eine hohe Wachsamkeit für die Stimmungen und Bedürfnisse anderer, ein unbewusster Automatismus, der zur Überlebensstrategie wurde. Ihn setzen ZWEIER auch später in ihrem Leben ein – in allen zwischenmenschlichen und partnerschaftlichen Beziehungen.

ZWEIER-Kinder waren unbewusst darauf ausgerichtet, durch Freundlichkeit, Hilfsbereitschaft und Sensibilität ein Gefühl von Zugehörigkeit zu bekommen. Sie hofften, sich Liebe und Anerkennung durch Aufopferung und Selbstlosigkeit zu verdienen. Nicht selten nahmen sie schon als Kind die Rolle des Vermittlers ein, wenn es in ihrem Familiensystem an Liebe oder Verständigung zwischen den Eltern mangelte. Besonders achtsam nahmen ZWEIER-Kinder die Körpersprache und den Tonfall der Eltern oder anderer, ihnen wichtiger Personen wahr. Sie hörten ausgesprochene und unausgesprochene Botschaften, die ihnen nicht selten sagten: »Sei ein liebes Kind!« Oder »Kümmere dich um mich, ich brauche dich!« Oder ganz konkret: »Hilf mir!«

ZWEIER waren häufig der ganze Stolz der Familie, das Vorzeigekind, aber zugleich können sie auch der Krückstock gewesen sein. Denn durch den Glauben, sie müssten alle Bedürfnisse der Mutter oder des Vaters erfüllen, beschäftigten sie sich oft mit deren Problemen, denen sie allerdings nicht gewachsen waren. Doch die Eltern konnten sich im ungünstigsten Fall auf sie stützen. Viele ZWEIER-Kinder erlebten das als Belastung, da sie nicht Nein sagen und ihre eigenen Grenzen nicht entwickeln konnten. Doch befürchteten sie, ansonsten ihre Vermittlerrolle und somit ihre Wichtigkeit zu verlieren. Vielleicht sogar ihren Platz in der Familie.

*»DER STOLZ STEHT AUF WACKELIGEN FÜSSEN, DA DAS SELBSTWERTGEFÜHL VON ANDEREN ABHÄNGT.«[4]*
*HELEN PALMER*

Oft berichten ZWEIER von einer innigen Beziehung zum gegengeschlechtlichen Elternteil; zum anderen hatten sie ein eher zwiespältiges Verhältnis. Weibliche ZWEIER waren für gewöhnlich »Papas kleine Unterstützerin«, männliche ZWEIER »Mamas ganzer Stolz«. ZWEIER-Kinder lernen schnell, wie sie ihre Eltern um den kleinen Finger wickeln konnten. Männliche ZWEIER waren nicht selten der fürsorgli-

## WAS ZWEIERN GUTTUT

*Kommen Sie zur Ruhe und fragen Sie sich, was Sie brauchen. Lernen Sie, in beide Richtungen Grenzen zu setzen. Ein Nein zerstört keine Beziehung! Bitten Sie andere um Rat, um Hilfe und Unterstützung, zeigen auch Sie mal Ihre Bedürftigkeit. Seien Sie Sie selbst und hören Sie auf, sich für andere zu verbiegen, nur um gemocht zu werden. Fangen Sie an, die Stärken der anderen zu sehen – denn auch Ihre Mitmenschen können viel und wissen sich zu helfen. Treten Sie ab und zu mal einen Schritt zurück. So wahren Sie deren Autonomie.*

che und liebevolle kleine Junge, der seiner Mama jeden Wunsch von den Augen ablas. Weibliche waren das süße, kuschelige Mädchen, das sich gern auf Papas Schoß zusammenrollte und sich Geschichten erzählen ließ. Eine Klientin berichtete: »Intuitiv habe ich immer gespürt, wie mein Vater drauf war, wenn er abends von der Arbeit kam. Ich habe mich dann so verhalten, wie ich glaubte, ihm die größte Freude zu bereiten. Ich wollte, dass er sich freut, und ich wollte wichtig sein für ihn.«
Oftmals wird ZWEIERN erst im Erwachsenenalter durch Konfliktsituationen mit den Eltern bewusst, dass sie durch die innige Beziehung zu Vater oder Mutter durchaus Eifersucht beim anderen Elternteil hervorgerufen haben könnten. Durch ihren Glauben, dass sie ihre eigenen Bedürfnisse den anderen nicht zumuten können, entwickelten ZWEIER daher eine eher unklare Beziehung zu sich selbst und zu ihren eigenen Gefühlen.

Warum machen ZWEIER so viel für andere – was steckt dahinter? Sie legen sich so sehr für andere ins Zeug, weil sie sich die positive Wertschätzung und liebevolle Anerkennung, die sie brauchen, nicht selbst geben können. Kommt jemand mit einem Problem, mit einem Bedürfnis oder Anliegen zu ihnen, fühlt es sich für ZWEIER an wie ein Sog, dem sie sich nicht entziehen können. Dazu ein Klient: »Es fühlt sich an wie eine Schuld, als hätte ich kein Recht dazu, abzulehnen, etwas für andere zu tun. Außerdem hätte ich Angst, dass ich nicht noch einmal gefragt werde und die Wichtigkeit im Leben des anderen verliere.« Irgendwo ausgeschlossen zu werden erleben ZWEIER als ganz besonders verletzend. Mit sich allein zu sein, einfach für sich zu sein, zur Ruhe zu kommen, sich selbst etwas Gutes tun und dies auch wirklich zu genießen, fällt ZWEIERN, die sich noch nicht mit sich selbst auseinandergesetzt haben, sehr schwer. Selbst gedanklich sind sie immer mehr bei anderen Menschen als bei sich selbst.

*»WER GIBT, WIRD GELIEBT!«*
*LEITSPRUCH DER ZWEIER*

Hinter dem Versuch, sich unentbehrlich zu machen, verbirgt sich ihre Leidenschaft: der Stolz. Dieser Stolz, der unbewusst ausgelöst wird und aufgesetzt wirkt, kompensiert einen Mangel an Selbstliebe und an wahrem inneren Selbstwert. Hinter ihrem Schutzschild verbergen sich Unsicherheit und Selbstverleugnung.
Doch die Leidenschaft ist gut versteckt hinter vermeintlich selbstloser und uneingeschränkter Hilfsbereitschaft. ZWEIERN kommt es nicht so vor, als sei Stolz am Werk, wenn sie bei anderen die emotionale Führung übernehmen. Sie sorgen dafür, dass jeder das Beste bekommt und alle zufrieden sind. Es ist für sie ein Gefühl wie Weihnachten, wenn ande-

### ZWEIER MIT FLÜGEL ZUR EINS ...

... können zu »Dienstleistern« werden. Sie übernehmen bereitwillig unbeliebte Aufgaben. Sie sind strukturierter, idealistischer, objektiver und selbstkritischer, was bewirkt, dass sie ehrlichen Herzens Gutes bewirken. Negativ betrachtet geraten sie oftmals in einen Konflikt zwischen heroischem Helfenwollen und ihren persönlichen Wünschen und können dadurch zu Märtyrern werden.

re glücklich sind und Dankbarkeit zeigen. Vage erkennen sie, dass ihr Über-Engagement und ihre antrainierte Freigebigkeit verhindern sollen, dass andere *sie* als hilfsbedürftig oder schwach ansehen könnten. Sie müssen sich als Gebende fühlen, nicht als Nehmende, denn das verträgt sich nicht mit ihrem Selbstbild.

Doch was passiert, wenn Dank und Wertschätzung ausbleiben? Das Gefühl von Bedeutsamkeit und Wichtigkeit verflüchtigt sich schnell, wenn ihnen die großartige Rolle im Leben eines anderen entzogen wird. Für Typ ZWEI sind Beziehung und Wertschätzung wie Nahrung, die sie für ihre Existenz brauchen. Sie können ihr eigenes Selbstwertgefühl nur dann spüren, wenn ihnen andere Wertschätzung entgegenbringen. Sie fühlen sich nur dann wertvoll, wenn sie einen Wert für andere haben und das auch deutlich gemacht wird. Bekommen sie das nicht, so fühlt es sich für ZWEIER bildlich gesprochen so an, als ob man einer Luftmatratze den Stöpsel rauszieht. Für ZWEIER ist es eine niederschmetternde Erfahrung, wenn sie ihr Muster der manipulativ-fürsorglichen Helferstrategie erkennen. Ihr liebevolles, selbstloses und aufopferndes Selbstbild bricht wie ein Kartenhaus zusammen. Doch dann kann der Aufbau ihres wahren Selbstwerts beginnen! Ihnen hilft ein Satz, der Buddha zugeschrieben wird: »Selbst wenn du alle Winkel des Universums aufsuchst, wirst du doch keinem Wesen begegnen, das mehr Herzensgüte verdient hätte als du selbst.«

## ZWEIER MIT FLÜGEL ZUR DREI ...

... können zu »Netzwerkern« werden. Sie nehmen sich wichtiger, nehmen die eigene Kompetenz stärker ernst, sind selbstsicherer, ehrgeiziger und zielstrebiger als »reine« **ZWEIER**. Sie äußern ihre Wünsche direkter und erwähnen gern ihre Leistungen und ihre Erfolge. Negativ betrachtet kann ihre Hilfeleistung dabei allerdings einen doppelten Beigeschmack von Kalkül bekommen.

## SPIRITUELLE ENTWICKLUNG

Auf ihrem spirituellen Weg beginnen ZWEIER, sich der Rolle im Verbund ihrer Herkunftsfamilie bewusst zu werden. Das ZWEIER-Kind verkaufte seine kleine Seele, um Liebe zu bekommen, und verlor dabei sein Selbstwertgefühl. Wenn die erwachsene ZWEI ihr Verhalten durchschaut und erkennt, dass ihr Bemühen, für andere zu sorgen und ihnen zu gefallen, darauf zurückzuführen ist, wie sie als Kind die eigene Emotionalität und Lebendigkeit in den Dienst anderer gestellt hat, ist das der erste Schritt in ihrem Heilungsprozess. Der zweite Schritt besteht für ZWEIER darin, mit ihrem Inneren Kontakt aufzunehmen, ihr Herz zu öffnen und ihre eigenen echten Bedürfnisse wahrzunehmen. Sie werden erkennen, wie viel Liebe in ihnen selbst ist und dass sie selbst die Person sind, zu der sie eine liebevolle Beziehung aufbauen dürfen.

Auf ihrem Entwicklungsweg werden ZWEIER lernen, sich mit einem Nein gegenüber anderen wohlzufühlen und auch ein Nein von anderen hinnehmen zu können, ohne um deren Zuneigung zu bangen. Dann werden ZWEIER immer mehr in ihrer Mitte ruhen und verstehen, dass sie liebenswert sind – einfach aufgrund dessen, was sie sind, und nicht aufgrund dessen, wie sie sich darstellen oder was sie für andere tun. Je mehr sie in sich ruhen und ihre Bedürfnisse annehmen, desto eher werden sie die Abhängigkeit vom Zuspruch anderer verlieren. Sie werden endlich die Liebe, nach der sie sich so sehr sehnen, empfangen können und auch fähig sein, sie ehrlichen Herzens zu geben. ZWEIER werden wahrhaftig, wenn sie lernen, ihr Selbstwertgefühl in sich zu finden und nicht im Kontext von Beziehungen.

## WAS STÖRT ANDERE AN DER ZWEI?

Richard Rohr und Andreas Ebert bringen es in einem Satz auf den Punkt: »ZWEIER sind gefallsüchtig und brauchen übertrieben viel Bestätigung.«[5] Da ZWEIER gern Menschen der hilfreichen Tat sind, haben sie die Tendenz, fremde Grenzen im Dienste der gut gemeinten Sache zu überschreiten. Sind sie in ihrem Element, kann es schon mal sein, dass sie an den Bedürfnissen des anderen vorbei »gefällig« sind. Ihre Fürsorglichkeit können andere als zudringlich, vereinnahmend,

erdrückend oder gängelnd empfinden. Spüren andere die unausgesprochene Erwartungshaltung einer ZWEI, die durch eine Art taktierter Gebefreundlichkeit entsteht, fühlen sie sich unter Druck gesetzt und fragen sich: »Was will er / sie von mir?«
Aufgrund ihrer Kindheitserlebnisse haben ZWEIER gelernt, behutsam und geschickt zu manipulieren oder auf Umwegen etwas zu bekommen: »Ich gebe dir etwas und dafür möchte ich gemocht, bestenfalls geliebt werden!« Fast hat man den Eindruck, als würde die gewünschte Danksagung oder Gegenleistung erpresst.

## WAS BEKOMMEN ANDERE VON DER ZWEI?

Andere schätzen an Typ ZWEI die menschliche Zugewandtheit, die spontane und pragmatische Hilfsbereitschaft und das gute Einfühlungsvermögen. ZWEIER sehen einfach, was andere brauchen. Sie erleichtern einem das Leben. Reflektierte ZWEIER haben gelernt, die Grenzen ihrer Mitmenschen zu wahren. Sie sind warmherzig und sorgen dafür, dass andere sich in jeder Beziehung wohlfühlen. Gern machen sie durch Komplimente ihr Gegenüber auf die guten Eigenschaften aufmerksam. ZWEIER sind wie eine Oase in unserem stressigen Alltag. Sie können gut zuhören und trösten, sind einfühlsam und freuen sich, wenn andere glücklich sind. Sie sind stets zur Stelle, bieten Unterstützung an und können so das Beste im anderen zum Vorschein bringen. Reife ZWEIER mögen Menschen, selbst die Schwierigen; gerade hier zeigt sich ihre enorm stabile Beziehungsfähigkeit.

### MEIN WUNSCH FÜR DIE ZWEI

*Erkennen Sie Ihren wahren Wert und fangen Sie an, sich selbst zu lieben. Lösen Sie sich aus abhängigen Verhältnissen, setzen Sie sich öfter auf Platz eins und verbringen Sie viel Zeit mit sich allein.*

VERMITTLER
PERFEKTIONIST
HELFER
DYNAMIKER
INDIVIDUALIST
BEOBACHTER
SKEPTIKER
OTPIMIST
KÄMPFER

# TYP DREI

*DER LIEBENSWÜRDIGE GEWINNER,*
*DER DYNAMIKER, DER MACHER,*
*DER STATUSMENSCH, DER INITIATOR,*
*DER TÜCHTIGE, DER SCHAUSPIELER*

# »DIE HÄRTESTE ARBEIT IST DER MÜSSIGGANG.«

*JÜDISCHES SPRICHWORT*

## DER ERSTE EINDRUCK

Betritt eine DREI einen Raum, so betritt sie eine Bühne und schlüpft in die Rolle, von der sie glaubt, dass sie der Erwartung der Anwesenden entspricht. DREIER besitzen Charisma: Sie wirken optimistisch, energiegeladen und anziehend. Es fällt ihnen leicht, Kontakt zu anderen aufzunehmen; Smalltalk ist ihr Metier, Name-Dropping könnte ihre Erfindung sein. Ihre körperliche Attraktivität und ihre Wirkung auf andere sind ihnen wichtig: Sie wollen auf jeden Fall Eindruck machen! Die meisten DREIER achten auf ihre Figur und Kleidung: Je nach Anforderung ändern sie ihr Aussehen wie ein Chamäleon und wechseln intuitiv die Rolle. Ist die toughe Geschäftsfrau, die fürsorgliche Mutter, der Businessman oder der patente Kumpel gefragt? Kein Problem, DREIER verkörpern, was gewünscht wird. Trotz ihres Charmes strahlen sie eine gewisse Distanziertheit aus: Sie schützen sich durch eine schöne, aber undurchdringbare Fassade, die andere eine Armlänge entfernt hält. DREIER lieben es, ein Projekt zu organisieren, zu leiten und zu einem Erfolg zu machen. Sie sind leistungsorientiert, überdurchschnittlich fleißig, ehrgeizig, selbstsicher und engagiert. Sie können andere begeistern und mitreißen. In einem Wettbewerb sind sie gern der Gewinner und lieben es, mit ihren Leistungen zu glänzen, um andere zu beeindrucken.

## WAS VERBIRGT SICH UNTER DER OBERFLÄCHE?

| | |
|---|---|
| **unbewusste Grundangst** | ohne Leistung nichts wert zu sein |
| **spontanes Angstgefühl** | sich zu blamieren, abgelehnt zu werden |
| **Grundbedürfnis** | produktiv, erfolgreich und beliebt zu sein |
| **unbewusste Ego-Botschaft** | »Du bist dann okay, wenn du erfolgreich bist.« |
| **Abwehrmechanismus** | Identifikation |
| **Leidenschaft** | Täuschung, ausgelebt durch Eitelkeit |
| **Extreme** | dynamisch – statusversessen |
| **benötigte Stärke** | Hoffnung und Wahrhaftigkeit |
| **Überlebensstrategie** | Gefühle ignorieren, durch Leistung glänzen |
| **Sprachstil** | präsentierend, werbend, begeisternd, propagierend |
| **Spitznamen** | Chamäleon, Workaholic, Trendsetter |

## DAS MITEINANDER

Natürlich haben DREIER die perfekte Vorzeigefamilie, eine Beziehung, die »glatt läuft«, eine Ehe, die »funktioniert«: Der Partner, die Kinder und selbst das Haustier sind repräsentativ – mit ihnen lässt sich Eindruck machen! DREIER sind die Super-Mom, die dabei auch noch gut aussieht, der coole Dad, der einem jede Sportart beibringen kann. DREIER sind stets bereit, viel in ihre Familie und in die Partnerschaft zu investieren. Sie machen ihr persönliches Umfeld zu einem Projekt, sorgen gut für die anderen und haben dabei ganz klare Vorstellungen davon, wie die einzelnen Familienmitglieder auszusehen und sich zu verhalten haben, um die für sie bereits vorgesehenen Ziele auch tatsächlich zu erreichen.

### GROSSE DREIER-PERSÖNLICHKEITEN

Folgende Persönlichkeiten waren oder sind sehr wahrscheinlich **DREIER**: Tom Cruise, Michael Jackson, Farrah Fawcett, Madonna, Sharon Stone, Halle Berry, Richard Gere, Sylvester Stallone, Ronald Reagan, Heidi Klum, Barbara Schöneberger, Katharina Witt, Anselm Grün.

Typ DREI ist der Familiencoach und freut sich sehr über den positiven Werdegang und die Erfolge der Menschen, mit denen er sich identifiziert. Gegenüber Eigenschaften, die das Image der ganzen Familie verderben könnten, wie beispielsweise schlechte Manieren oder Faulheit, reagieren sie hingegen äußerst intolerant.

Ähnlich wie Typ EINS den Anspruch hat, seinen eigenen Wertmaßstäben gerecht zu werden, sind DREIER – was ihre Leistung und ihren Erfolg angeht – sehr fordernd gegen sich selbst. Nie würden sie anderen mehr abverlangen, als sie selbst vorleben. Besonders männliche DREIER arbeiten hart, um ihrer Familie etwas bieten und nach außen etwas darstellen zu können.

Auch das Wohnumfeld einer DREI muss möglichst standesgemäß sein, die Adresse, die Wohnung, das Haus müssen sich sehen lassen können. Ihr Zuhause ist stil- und geschmackvoll eingerichtet – nicht unbedingt nach ihrem eigenen Geschmack, wichtig sind Dinge, die trendy und auf jeden Fall von einem der führenden oder kostspieligen Markenhersteller sind. DREIER sind Menschen, die gern Dinge besitzen. Das Ansammeln von Besitz verschafft ihnen ein Gefühl von Sicherheit.

Schmeißen DREIER eine Party, hat das Buffet profihafte Dekorationen und Ausmaße. Stehen sie selbst am Herd, kreieren sie lieber sieben Salate anstatt nur zwei, um ihre Gäste zu beeindrucken. In der Regel kommt das Buffet allerdings eher vom Nobelitaliener des Ortes. Auch die Auswahl der Getränke steht einer Fünf-Sterne-Gastronomie in nichts nach. Gern demonstrieren sie einen elitären Lebensstil. All dies tun sie,

um bewundert zu werden, doch dahinter steckt auch die Befürchtung, sich ansonsten zu blamieren. DREIER tragen deshalb einfach immer ein bisschen zu dick auf.
Während für ZWEIER zwischenmenschliche Beziehungen einen sehr hohen Stellenwert haben und sie diese dementsprechend pflegen, tendieren DREIER eher dazu, diesen Bereich ihres Lebens hintanzustellen. Zwar bedauern sie ständig, dass sie zu wenig Zeit für Familie und Freunde haben, aber getrieben durch ihre Ziele und ihren daraus resultierenden Daueraktivismus schieben sie die Gefühle des Bedauerns zum x-ten Mal beiseite und konzentrieren sich doch wieder auf ihre Pläne und Projekte. Die haben bei ihnen einfach Vorrang.
»Wenn ich das fertig habe, dann nehme ich mir mal richtig Zeit für meine Freunde!« ist ein typischer Gedanke einer DREI.
Durch ihre Hyperaktivität wirken gerade junge DREIER oft etwas abwesend und oberflächlich. Fast könnte man meinen, dass sie kein wirkliches Interesse an ihren Mitmenschen haben. Doch aufgrund ihrer getriebenen Geschäftigkeit wollen und können sie sich in so manchem Moment in Dinge und Menschen nicht wirklich einfühlen, weil sie Angst haben, dies könnte sie von ihren Aufgaben und Zielen abhalten.
Lernen DREIER neue Menschen kennen, schauen sie zunächst einmal auf das äußere Erscheinungsbild und gern auch auf den beruflichen

TYP DREI: HERZ-INTELLIGENZZENTRUM

## DIE GABE DER DREI

*Wir dürfen uns bei Typ DREI bedanken, denn DREIER besitzen die große Gabe, neue Ideen in die Welt zu bringen, Ziele in erfolgreiche Projekte umzusetzen und andere mitzureißen.*

Erfolg ihres Gegenübers. Unreflektierte DREIER sind der Überzeugung, dass der Wert jedes Menschen von seinen Leistungen und seinem sich daraus ergebenden Prestige abhängt.

## LIEBE UND ZWEISAMKEIT

DREIER stecken ihr Herz in den Beruf und gönnen sich daher wenig Privatleben; gern vermischen sie Berufliches und Privates miteinander. Viele weibliche, oft sehr attraktive DREIER leben ein eher männliches Verhaltensprogramm. Während die Anziehungskraft von SIEBENERN auf deren Charme, einem kindlichen Staunen und einem entwaffnenden Lächeln basiert, stellt die Attraktivität der DREIER sozusagen die erwachsene Variante dar: eine Mischung aus Charisma, Erfolg, aber auch einer gewissen Abgrenzung.

Paradoxerweise zeigen weibliche DREIER, die sich wenig mit sich selbst auseinandergesetzt haben, großes Interesse an erfolgreichen und machtvollen Männern. DREIER lieben Erfolg, Prestige und Reichtum! Glück wird mit Wohlstand gleichgesetzt. Je erfolgreicher das Objekt ihrer Begierde ist, desto mehr Anerkennung und Respekt bekommt es von einer DREI.

Obwohl DREIER zu den Herzmenschen gehören und durchaus zu starken Gefühlen fähig sind, scheint es so, als fehle es ihnen in manchen Situationen an spontaner Emotionalität, was ihr Beziehungspartner schon mal als Herz- oder Gefühllosigkeit empfinden kann. Das Problem

### TYPISCHE GEDANKEN EINER DREI

»Man kann alles schaffen, was man will.«

»Geht nicht gibt's nicht!«

»Ich bin, was ich tue.«

»Die Welt liebt Gewinner!«

»Gefühle stören nur bei der Arbeit.«

Gedanken über ihre Mitmenschen: »Andere sind Verlierer.«

in der Beziehung mit einer DREI ist, dass sie darauf trainiert ist, ihre emotionale Sensibilität und Echtheit zu unterdrücken und hinter einer Maske, einem Image zu verstecken.

Beziehungen mit Typ DREI können sich daher schwierig gestalten, da sie Beziehungsprobleme vor lauter Arbeit nicht registrieren oder lange Zeit nicht sehen wollen – der Ruf ihrer perfekten Partnerschaft könnte Schaden nehmen, also machen sie sich lieber etwas vor. Ein Klient berichtete: »Ich hatte keine Zeit für unsere Probleme, da ich beruflich so eingespannt war. Meine Frau wollte Harmonie um jeden Preis und hat auch nichts gesagt. So haben wir alles Störende verdrängt. Unsere Beziehung ist tatsächlich wortlos auseinandergegangen.«

SONG DER DREIER: »WE ARE THE CHAMPIONS« VON QUEEN

In einer Beziehung brauchen DREIER die Wertschätzung des Partners, davon hängt ein Teil ihrer Identität ab. Besonders langjährige Beziehungen sind für sie oft sehr heilsam. Eine beständige Partnerschaft, in der es reicht, einfach nur man selbst zu sein, ist wie eine Auftankstation für DREIER. An der Seite eines fürsorglichen Partners öffnen sie ihr Herz, können Nähe zulassen und viel Liebe geben. Dann sind sie sehr um Authentizität bemüht und scheuen sich auch nicht, sich so zu zeigen, wie sie sind und wie sie sich gerade fühlen.

## DREIER IM BERUF

Im Job sind DREIER, egal ob als Angestellte, lieber aber als Selbstständige, ein Prototyp ihrer Branche mit einem hochprofilierten Image. DREIER erbringen Leistungen wie eine Maschine, sind selten krank und erwarten, dass andere im gleichen Tempo mitziehen. Sie blühen auf, wenn eintritt, was der Rest der Welt als Stress bezeichnen würde. DREIER können nichts mit Leuten anfangen, die langsam arbeiten oder nicht funktionieren. Sie werden ungeduldig und wütend, wenn sie auf Unproduktivität und Unfähigkeit stoßen, wenn ihre perfekt geplanten Aufgaben unterbrochen und Ziele nicht erreicht werden. Dahinter steckt ihre tiefsitzende Angst, sie könnten die Übersicht über das Projekt verlieren oder, noch schlimmer, das gesamte Projekt könnte scheitern. DREIER arbeiten energisch, effizient, tatkräftig und pragmatisch. Das Pareto-Prinzip, nach dem man mit 20 Prozent seines Einsatzes 80 Prozent Ergebnis erzielen kann, liegt ihnen im Blut. Sie sind Meister der Planung und der Flexibilität. Tauchen Schwierigkeiten auf, werden die Vorgehensweisen kurzerhand verändert, um das gewünschte Ziel dennoch zu erreichen. Misserfolge werden als Teilerfolg angesehen oder als Lernerfahrung umdefiniert. Ihre besondere Stärke liegt in der Umsetzung von Ideen in die konkrete Realität. DREIER haben einfach ein Gespür dafür, was erfolgreich sein könnte, und sind ständig mit dem Produzieren neuer Ideen beschäftigt. Ihr Motto lautet: Das Geld liegt auf der Straße.

DREIER können andere Menschen begeistern und mitreißen. Mit einer DREI zusammenzuarbeiten, kann die besten Kräfte in einem selbst freisetzen. Als Coach kann sie einen darin unterstützen, sich über die eigenen Lebensziele klar zu werden. Sie beherrscht das Spiel mit dem Publikum, kann Gefühle hervorholen und spiegeln, ohne diese selbst zu empfinden. DREIER sind Kämpfernaturen; Konkurrenz spornt sie an. Ihren Führungsstil könnte man mit »management by walking around« bezeichnen, was bedeutet, dass sie die Dinge organisieren, Strukturen setzen und delegieren. Ohne einen Terminplaner oder Aufgabenzettel, den sie abarbeiten müssen und der dokumentiert, dass sie etwas »weg-

### EIN TYPISCHES DREIER-LAND ...

... sind die USA, das Land der unbegrenzten Möglichkeiten. Der Traum vom »Tellerwäscher zum Millionär« ist hier geboren. Time is money! Besitztümer sind Ausdruck des Erfolgs. Die Wall Street ist die wichtigste Wertpapierbörse, Hollywood ist die größte Traumfabrik, Cape Canaveral der Bahnhof ins Weltall – selbst für zahlungskräftige Touristen. Menschen durchbrechen in freiem Flug die Schallmauer. Yes, we can! Alles ist möglich!

## STRESS- UND RELAXPUNKT DER DREIER

| Stresspunkt | Relaxpunkt |
|---|---|
| Stehen sie unter Stress, weichen DREIER zum Typ NEUN aus. Dies hat zur Folge, dass sie sich immer mehr von ihren Gefühlen trennen und dadurch abstumpfen. Sie begegnen sich selbst und anderen mit passiver Feindseligkeit. Sie werden unentschlossen und verfallen in totale Untätigkeit. Oder aber sie agieren noch schneller und hektischer, wodurch sie die Übersicht verlieren und ineffizient werden. | Wenn DREIER sich wertgeschätzt und geborgen fühlen, gehen sie zum Typ SECHS weiter. Dies hat zur Folge, dass sie aufrichtiger und achtsamer mit sich selbst und anderen umgehen. Sie nehmen sich mehr Zeit für Freunde und Familie und lernen, im Privaten verbindlich zu sein. So kommen sie in Kontakt mit ihren Gefühlen. Sie fangen an, sich zu fragen, ob ihr Leben so ist, wie sie es tatsächlich wollen. |
| Wenn DREIER den positiven Aspekt der NEUN nutzen, agieren sie deutlich ruhiger. Sie werden geduldiger und betrachten das Leben aus einem weiteren Blickwinkel, entspannter und weiser. | Wenn DREIER den negativen Aspekt von Typ SECHS annehmen, werden sie abhängiger, ängstlicher und unruhiger. Sie befürchten Zurückweisungen und werden entscheidungsschwach. |

schaffen«, können DREIER nicht leben. Man trifft sie oft in Berufen, die viel mit Präsentieren und Öffentlichkeit zu tun haben: Public Relations, Politik, Werbung, Mode, Funk und Fernsehen, Film / Theater, Verkauf.

## WARUM SIND DREIER, WIE SIE SIND?

In ihrer Kindheit wurden DREIER für ihre Leistungen belohnt, gelobt und beachtet. Weil die Eltern in ihrer Herkunftsfamilie oft selbst nie gelernt hatten, Gefühle zu zeigen, erlebten viele DREIER in ihrer Kindheit kaum ein warmes, gefühlvolles Miteinander. Oft passten sie sich den

Wertvorstellungen des stärkeren Elternteils an. Meist war dies der Vater. Ihnen wurde suggeriert, dass Leistung und Erfolg im Leben das Wichtigste sind, ein tiefer gehendes Interesse an ihren kindlichen Empfindungen gab es meist nicht. Es war in diesen Familien nicht genug, einfach nur man selbst zu sein.

Infolgedessen lernten DREIER-Kinder, nur das von sich zu zeigen, was ihnen Aufmerksamkeit und Anerkennung brachte. Eine Klientin erzählte, dass sie schon als junges Mädchen überall im Heim zu Aufgaben herangezogen wurde: »Wenn ich in meinem Kinderzimmer saß und so vor mich hin träumte, kam mein Vater des Öfteren an meiner Tür vorbei und fragte: ›Hast du nichts zu tun?‹ Überrumpelt von dieser Frage, fiel mir spontan keine Antwort ein und, schwups, durfte ich den Rasen mähen, das Auto waschen oder Handlangerarbeiten rund ums Haus verrichten. Oft habe ich dafür Geld bekommen, und so lernte ich schnell: Wenn du mehr machst, dann hast du auch mehr als nur dein Taschengeld. Wenn du etwas tust, bist du etwas wert und wirst gelobt. Auch für Schulnoten gab es bei uns eine Liste mit Belohnungen.«

## WAS DREIERN GUTTUT

*Fragen Sie sich immer wieder, ob Sie in diesem Moment das Leben führen, das Ihren wahren Wünschen entspricht. Oder verschieben Sie es gerade mal wieder auf später? Verbringen Sie viel Zeit in der Natur – die Natur urteilt nicht, fordert nicht, sie belohnt keine Leistung. Genau das tut Ihnen gut. Lernen Sie zu entspannen, finden Sie Ihre Methode, um zur Ruhe zu kommen! Gefühle sind etwas Schönes und nichts Störendes. Schieben Sie sie nicht weg, auch wenn sie mal schmerzhaft sind. Verbringen Sie viel Zeit mit der Familie und Freunden – haben Sie einfach nur Spaß!*

Nicht selten kommen DREIER aus sozial schwachen bis hin zu wirklich armen Familien. Weil sie oftmals keine glückliche und gesicherte Kindheit erleben durften und es ihnen an vielem fehlte, entstand in einer Mischung aus Trotz und Verzweiflung die Einstellung: »Man kann alles schaffen, wenn man sich nur genügend anstrengt.« Durch die Not ihrer kargen Kindheit begannen DREIER oft zu arbeiten, bevor sie 15 Jahre alt waren, und gönnen sich dabei auch bis ins Alter keine Pause.
Warum arbeitet eine DREI so viel? Was steckt dahinter? Seltsamerweise haben DREIER, obwohl sie die Mitte der Herz-Menschen sind, den Kontakt zu ihren Gefühlen verloren, ihr Herz ist regelrecht blockiert. Das liegt zum einen daran, dass sie sich gewohnheitsmäßig mehr auf ihr Image, also auf das, was sie nach außen darstellen wollen, konzentrieren als auf ihr wahres Selbst. Zum anderen wurden ihnen negativ erlebte Gefühle in der Kindheit regelrecht abtrainiert. Ein Klient berichtete: »Als ich mir als Kind einmal mit dem Hammer versehentlich ziemlich böse auf einen Finger geschlagen hatte, sagte mein Vater zu mir: ›Das tut nicht weh! Das ist nicht so schlimm! Wir müssen jetzt hier weitermachen!‹ Es ist ganz schön schrecklich, wenn jemand anders besser über deine Gefühle Bescheid weiß als du selbst!«

*»WAS DIE DREI FÜR DEN DRANG NACH PRODUKTIVITÄT HÄLT, IST IN WIRKLICHKEIT DIE FLUCHT VOR GEFÜHLEN.«*[6]
*ELI JAXON-BEAR*

Da DREIER sehr verletzlich sind, haben sie gelernt, ihre Emotionen und ihre seelische Verfassung zu kontrollieren. Sie haben Angst davor, Gefühlen die Oberhand zu überlassen und ihre Contenance zu verlieren, also stürzen sie sich in Projekte. Gerade wenn sie am produktivsten sind, können sie sich am wenigsten fühlen. Als »Erfolgsmenschen« haben sie einfach keine Zeit für Gefühle, sie empfinden sie als störend und verschieben sie auf später. Solange DREIER sich mit Arbeit überhäufen und sich bemühen, sich selbst und andere davon zu überzeugen, sie hätten alles im Griff, hat niemand die Möglichkeit, ihnen zu nahe zu kommen und hinter ihre Fassade zu blicken – nicht einmal sie selbst!
DREIER sind Menschen der Tat. Produktives Handeln ist der ihnen am

meisten zusagende Lebensstil, Aktivität ist ihr natürliches Antidepressivum! Gedanklich sind sie immer schon beim nächsten Projekt, als würde die Gegenwart nicht existieren. Anhalten, um zu fühlen? Viel zu schmerzlich! Solange sie busy sind, müssen sie nicht hingucken, müssen sich nicht mit auftretenden Unzulänglichkeitsgefühlen beschäftigen, geschweige denn auseinandersetzen. DREIER fürchten nichts so sehr wie Niederlagen, Misserfolge und Selbstzweifel. Vage sind sie sich bewusst, dass sie dunkle Gefühle wie Angst, Schmerz und Trauer vermeiden. Doch ihr Selbstbild des Erfolgreichen muss in jedem Fall aufrechterhalten werden. Hier setzt der Selbstbetrug ein: An der äußeren Maske, dem hart erarbeiteten Image wird festgehalten, auch wenn sie nicht mit der inneren Wirklichkeit übereinstimmen. Dies grenzt fast an Hochstapelei, doch DREIER sind sich ihrer Defizite seltsamerweise unterschwellig bewusst. Schließlich ist ihre Maske nur ein Requisit, ist ihre Darstellung nur ein Possenspiel. Und sie sind der Hauptdarsteller! Passiert es, dass sie in ihrer Rolle

»WENN SIE AM ENDE IHRES LEBENS ZURÜCKBLICKEN, WAS MEINEN SIE: WAR ES WIRKLICH DAS LEBEN, DAS SIE WOLLTEN? HABEN SIE GELEBT? WAREN SIE WIRKLICH GLÜCKLICH?«
*INSPIRIERT VON DR. STEPHAN PEECK*

## DREIER MIT FLÜGEL ZUR ZWEI ...

... können zu »Sponsoren« werden. Sie sind freundliche, karrierebezogene Netzwerker, die gern lukrative Verbindungen herstellen. Sie sind in diesem Sinne kontaktfreudig und charismatisch und können sich bei Bedarf auch gut einschmeicheln. Das funktioniert vor allem über Komplimente. Gern sind sie andern nahe, zugleich wissen sie ganz genau, wie man sich beliebt macht und gut in Szene setzt, um etwas zu bewirken. Letztlich liegt ihnen mehr am Erreichen ihrer eigenen Ziele als an der bloßen Dankbarkeit derer, für die sie etwas tun.

nicht gut vorbereitet und textsicher genug sind und die Gefahr besteht, dass jemand hinter ihre Fassade blickt, bekommen DREIER Angst, dass ihr Selbstbetrug aufgedeckt wird und sie für inkompetent gehalten werden könnten. Ihr Selbstwertgefühl wackelt. Werden ihre Leistungen, mit denen sie sich identifizieren, nicht gewürdigt und anerkannt, erleben sie ihre ganze Person als Versager.
Auf Außenstehende wirken sie wie hoch konzentrierte, dynamische Erfolgsmenschen. Doch viele DREIER wissen, dass dieser Schein manchmal trügt und sie nur an ihrer Identifikation, ihrer erarbeiteten Rolle festhalten, was enorm viel Kraft kostet.
DREIER sind fast nicht in der Lage abzuschalten und sich zu entspannen. Sie verausgaben sich völlig und hören erst auf, um das Erreichen ihrer Ziele zu kämpfen, wenn sie am Boden liegen. Nicht selten verbirgt sich hinter ihrem Daueraktivismus eine große Müdigkeit und Erschöpfung aufgrund von jahrelanger Überarbeitung.

## SPIRITUELLE ENTWICKLUNG

Ich gehöre selbst zu Typ DREI und habe Wesentliches zur möglichen Weiterentwicklung dieses Typs von Sandra Maitri gelernt. Das Folgende ist daher stark von ihr beeinflusst: Reflektierte DREIER beginnen wahr-

### DREIER MIT FLÜGEL ZUR VIER ...

... können zu »Allroundern« werden. Sie besitzen Fantasie, Kreativität und Geschäftssinn und arbeiten ehrgeizig an der Umsetzung ihrer ästhetischen Vorstellungen und ausgefallenen Projekte. Sie sind angenehme Gesprächspartner, werden einfühlsamer, aber auch eigenwilliger. Sie kümmern sich besser um sich, ohne die Vollendung ihrer Pläne aus den Augen zu verlieren. Doch da sie von Täuschung und Neid angetrieben werden, müssen sie sich immer neu erfinden und schwanken in schwierigen Zeiten zwischen Unsicherheit und Arroganz.

zunehmen, dass zwischen ihrem Selbstbild und ihrer inneren Realität eine Lücke klafft. Durch Selbstvermarktung und Eigenwerbung erliegt die DREI leicht der Selbsttäuschung. Durch Imagepflege betrügt sie sich selbst und andere um ihr wahres Ich.

Die DREI muss daher lernen, für sich zu sein, ohne Zuschauer und ohne Applaus. Sie muss still werden und sich nach innen wenden. Dann wird sie erkennen, wie wenig Wert sie sich selbst beimisst, wenn sie nicht gerade etwas erreicht. So entdeckt sie vielleicht, dass sie nicht wirklich weiß, was sie meint, will und fühlt. Schlimmer noch, dass sie keine Ahnung hat, wie sie damit beginnen könnte, ihre echten Gefühle wahrzunehmen. Auf ihrem Entwicklungsweg wird sie entdecken, dass ihre Eltern ihre kindliche Welt kaum bemerkt und gewürdigt haben und dass sie selbst aufgehört hat, auf ihre innere Welt zu achten. Ihre zahllosen Aktivitäten sind nur eine Flucht vor jenem riesigen leeren Ort, den sie aufgrund ihrer Entfremdung von den eigenen Tiefen für ihre Seele hält. Sie tut alles in ihrer Kraft Stehende, um vor dieser Leere zu flüchten, und versucht, das Verlorene durch Erfolge nachzubilden.

Wenn DREIER dies verstehen und beginnen, Nachsicht und Mitgefühl für sich selbst zu empfinden, kann sich ihr Herz allmählich öffnen und die Leere wird sich nicht mehr so hoffnungslos und erschreckend anfühlen. Sie werden beginnen, ihre wahren Gefühle zu erkennen, zuzulassen und bemerken, wie sehr diese Gefühle sie stärken und nähren. DREIER wachsen und werden wahrhaftig, wenn sie lernen, ihr Image und ihr wahres Selbst auseinanderzuhalten.

## WAS STÖRT ANDERE AN DER DREI?

Maria-Anne Gallen und Hans Neidhardt beschreiben es in ihrem Buch »Das Enneagramm unserer Beziehungen« so: Da DREIER Menschen sind, die sich mehr exponieren als andere, bekommen sie zwangsläufig mehr Bewunderung, laufen aber auf der anderen Seite Gefahr, abgelehnt zu werden. Da sie sich gern ins beste Licht setzen, wirken sie auf andere schon mal ein wenig selbstverliebt.

Das Tempo der DREIER ist für andere oft viel zu schnell. Sie fühlen sich dadurch überfahren, bedrängt, manche fühlen sich inkompetent. Einige kritisieren das Angestrengte im Verhalten der DREIER. Oft fühlen sie sich in einen Konkurrenzkampf hineingezogen oder als Sprungbrett benutzt.

## WAS BEKOMMEN ANDERE VON DER DREI?

Andere schätzen an DREIERN, dass sie begeisterungsfähig und unterhaltsam sind, geistreich, fantasievoll, erfinderisch und immer für ein neues, überraschendes Projekt gut. Ihr Optimismus und ihr Selbstvertrauen wirken energiegeladen und ansteckend. Wenn DREIER sich für eine Sache engagieren, dann tun sie es mit ihrer ganzen Tatkraft. Wie Richard Rohr einmal sinngemäß in einem Vortrag sagte: Wenn Sie ein Projekt planen, dann holen Sie sich eine DREI ins Boot! Ihr zielstrebiges Engagement dient nicht nur ihrem eigenen Erfolg, sondern auch dem der anderen. Sie sind Initiator, Teamplayer und Coach in einem. Gereifte DREIER schöpfen aus ihrer nie enden wollenden Hoffnung. An dieser Stelle bin ich besonders stolz und voller Dankbarkeit, dass mir Pater Anselm Grün, der wie ich in der DREI zu Hause ist, für dieses Buch folgende Worte schrieb: »Es ist gut, eine DREI zu sein. Als DREI habe ich Lust an der Arbeit, Lust, etwas Neues zu probieren. Und ich merke, eine klösterliche Gemeinschaft ohne DREIER würde nur um sich selber kreisen. Da gäbe es keine Bewegung. Es braucht DREIER, um eine Gemeinschaft voranzubringen und kreative Wege in die Zukunft zu gehen. Ohne DREIER keine Lebendigkeit und keine Zukunft.«

### MEIN WUNSCH FÜR DIE DREI

*Lernen Sie loszulassen und zuzulassen. Schenken Sie sich die Erfahrung, dass das Wesentliche nicht unbedingt durch Sie, durch Ihre Aktivität geschehen muss. Geben Sie dem Leben selbst Raum.*

VERMITTLER
PERFEKTIONIST
HELFER
DYNAMIKER
INDIVIDUALIST
BEOBACHTER
SKEPTIKER
OPTIMIST
KÄMPFER

# TYP VIER

*DER ANSPRUCHSVOLLE ÄSTHET,*
*DER ROMANTIKER, DER KÜNSTLER,*
*DER INDIVIDUALIST,*
*DER MELANCHOLIKER,*
*DER INTUITIONSMENSCH*

# »DIE GRÖSSTE LIEBE IST IMMER DIE, DIE UNERFÜLLT BLEIBT.«

*PETER USTINOV*

## DER ERSTE EINDRUCK

Betritt eine VIER den Raum, vermittelt sie meist unterschwellig die Botschaft: »Schaut her, seht mich an, ich bin etwas Besonderes!« Mittelmäßigkeit ist nicht ihr Ding. Sie will auffallen. Gewöhnlich, langweilig oder durchschnittlich zu sein, wäre ihr ein Graus. Es kann aber durchaus auch umgekehrt sein, dass die VIER eher die anderen Anwesenden als etwas Besonderes ansieht und sich selbst abwertet. Ihr Thema ist immer: die anderen und ich. »Entweder bin ich top gestylt oder die anderen. Entweder habe ich die tolle Figur, die super Karriere, den ausgefallenen Beruf oder die anderen.« Ein wahres Gefühlschaos, ein Krieg zwischen Lamentieren und Dominieren, zwischen Wehmut und Überheblichkeit beherrscht das Innenleben einer VIER.

In der Regel sind VIERER charmant, unübersehbar und wirken interessant. VIERER shoppen im Edel-Secondhand-Laden, auf dem Trödelmarkt oder in den teuersten Geschäften der Welt. Sie haben ein sicheres Auge für Stil, Farben und Formen. Besonders VIERER mit einem DREIER-Flügel lieben es, sich als »Gesamtkunstwerk« zu inszenieren. »Ich kann gar nicht glauben, dass es Menschen gibt, denen es völlig egal ist, wie sie morgens das Haus verlassen!«, so eine VIER, deren Accessoires immer perfekt zum Outfit passten.

## WAS VERBIRGT SICH UNTER DER OBERFLÄCHE?

| | |
|---|---|
| **unbewusste Grundangst** | keine Identität, keine Bedeutung zu haben |
| **spontanes Angstgefühl** | sich entblößt zu fühlen |
| **Grundbedürfnis** | die Rückverbindung mit der eigenen Tiefe |
| **unbewusste Ego-Botschaft** | »Ich bin besonders«, oder: »Die anderen sind besonders« |
| **Abwehrmechanismus** | Introjektion; künstlerische Vergeistigung, Dramatisierung |
| **Leidenschaft** | Neid, ausgelebt durch Melancholie |
| **Extreme** | sensibel – launisch |
| **benötigte Stärke** | Ausgeglichenheit und Zufriedenheit |
| **Überlebensstrategie** | sich zu etwas Besonderem machen |
| **Sprachstil** | gefühlsbetont, lamentierend, lyrisch |
| **Spitznamen** | Dramaqueen, Prinzessin auf der Erbse, Diva |

VIERER lieben es, anders zu sein. Sie sind feingeistig, sensitiv, empathisch und bisweilen melancholisch. Sie sind Romantiker und beschäftigen sich viel mit Beziehung, Selbsterkenntnis und großen Gefühlen: Sie schweben ständig zwischen himmelhoch-jauchzend und zu Tode betrübt. Nicht selten sind sie schöpferisch, setzen kreative Akzente und erwecken in anderen Menschen den Wunsch nach Schönheit im Leben.

## DAS MITEINANDER

VIERER sind Familienmenschen und haben oft eine besonders innige Beziehung zu ihren Eltern oder Kindern. Eine Klientin, deren Tochter bereits 25 Jahre alt war, erzählte: »Wenn ich meine Tochter anschaue, verspüre ich so intensive Gefühle, dass ich davon völlig überwältigt bin.

Als würde ich mit ihr verschmelzen.« VIERER, die sich schon mit sich auseinandergesetzt haben, wissen, dass die intensiven Gefühle für ihre Kinder von diesen oftmals als »zu viel« empfunden werden.
In zwischenmenschlichen Beziehungen legen VIERER besonderen Wert auf ausgewählte und tiefgründige Freundschaften. Sie suchen Kontakt zu interessanten und wichtigen Leuten. Es ist ihnen lieber, ein paar gute, enge Freunde zu haben, die Authentizität und emotionale Tiefe besitzen, als einen weitläufigen Bekanntenkreis. Daher bevorzugen VIERER die Gesellschaft von Gruppen und Menschen, die irgendwie vom Gewöhnlichen abweichen: ausgefallene Randgruppen, soziale Einrichtungen, intellektuelle Zirkel, Aktivisten oder besonders elitäre Kreise wie ein Lions oder Rotary Club. Entweder sie gehören elitären bis revolutionären Gruppen an – oder sie bleiben distanziert allen Gruppen fern. Dazwischen gibt es bei ihnen nichts.
Das Wohnumfeld einer VIER spiegelt ihre Kreativität wider. Sie haben ein feines Gespür für außergewöhnliche Dekoration und die Gabe, die Dinge wie zufällig arrangiert aussehen zu lassen. Da kann leicht mal Tante Gertruds Sideboard aus den Fünfzigern neben einem Philippe-Starck-Möbel platziert werden – und es sieht einfach nur toll aus. Sie verleihen ihrem Zuhause eine persönliche Note. Mit eigenen Ideen und wenigen geschickten Handgriffen gelingt es ihnen, Kitsch und Design kreativ zu kombinieren.

## GROSSE VIERER-PERSÖNLICHKEITEN

Folgende Persönlichkeiten waren oder sind sehr wahrscheinlich **VIERER**: Charlie Chaplin, Elvis Presley, Kurt Cobain, Marlon Brando, Andy Warhol, Marilyn Monroe, Maria Callas, Cher, Edith Piaf, Gwyneth Paltrow, Marlene Dietrich, Prince, Bette Davis, Liza Minnelli, James Dean, André Heller, Lady Di, Romy Schneider, Hermann Hesse, Johann Wolfgang von Goethe, die Filmfigur Ally McBeal.

VIERER lieben es, ihre Räume immer wieder mit ausgefallenen Kleinigkeiten zu verändern. Wobei Stil und guter Geschmack nicht unbedingt etwas mit Geld zu tun haben müssen. Nicht selten haben sie selbst eine künstlerisch-kreative Ader. Zum Beispiel können die unterschiedlichen Jahreszeiten eine VIER bei der Dekoration ihrer Wohnung oder bei Tischarrangements inspirieren. Geschmackvoll bis kitschig werden Zweige, Moos und Blätter mit altem Porzellan und Tafelsilber auf feinem Damast dekoriert und mit neonfarben leuchtenden Sternen und alten Kronleuchtern ins rechte Licht gebracht.

TYP VIER: HERZ-INTELLIGENZ-ZENTRUM

In der Regel sind VIERER faszinierende und interessierte Gesprächspartner mit vielfältigen und teilweise ausgefallenen Hobbys und Interessen wie Theater, Schriftstellerei, Tanz, Musik, Lyrik oder bildende Kunst. Gibt eine VIER eine Party, so findet man unter den Gästen entsprechend viele individuelle Persönlichkeiten, weniger trifft man hier auf eine große Clique. VIERER bevorzugen häufig eher Zweierbeziehungen, weil sie individueller sind. Vor allem anderen ist ihnen die Authentizität ihrer Gäste sehr wichtig. Haben Sie sich bei einer Gesellschaft schon einmal gewundert, auf wie viele außergewöhnliche Menschen Sie getroffen sind, dann waren Sie bestimmt auf der Party einer VIER.

Entweder gibt es ein originell geschmücktes Buffet oder eine stilvoll gestaltete lange Tafel mit dezenter Kerzenbeleuchtung und sorgsam

## DIE GABE DER VIER

*Wir dürfen uns bei Typ VIER bedanken, denn VIERER besitzen die große Gabe, nicht konform zu sein und anderen die Schönheit und den tieferen Sinn des Lebens nahezubringen.*

### TYPISCHE GEDANKEN EINER VIER

»Ich bin anders als die anderen.«
»Die anderen sind anders als ich.«
»Das Gras auf der anderen Seite ist immer grüner.«
»Was die anderen haben, ist eigentlich das, was ich will.«
»Wer lieben will, muss leiden!«
Gedanken über ihre Mitmenschen: »Andere sind gewöhnlich!«
Oder: »Die anderen sind besonders!«

ausgesuchter, leiser Musik im Hintergrund. VIERER meiden Durchschnittlichkeit! Auf alle Fälle erwarten sie von ihren Gästen, dass sie spätestens beim Verabschieden die tolle Party loben und die Einladung entsprechend würdigen.

## LIEBE UND ZWEISAMKEIT

VIERER leben in ihrer eigenen Welt voller Romantik und Leidenschaft. Sie lieben die Liebe und werden oft von ihren Gefühlen überflutet. Ihre Liebe ist verrückt, verrucht, verträumt, verschmelzend, verboten, vernichtend, verzeihend, sich verzehrend, verlierend. Von allen Typen sind sie diejenigen, die am meisten süchtig nach Liebe sind.
Auch der ersehnte Partner muss auf irgendeine Art und Weise etwas Besonderes sein und vor allem muss er die Besonderheit der VIER erkennen, begehren und wertschätzen. In einer Partnerschaft möchte eine VIER im Mittelpunkt der Aufmerksamkeit des anderen stehen und oft hören, dass sie geliebt wird. Dafür fordert sie Beweise. Das kann für einen Partner zuweilen sehr anstrengend sein. Dazu erzählte eine Klientin: »In einer Partnerschaft bin ich sehr exzessiv. Mein Motto lautet: Liebe geben und Liebe bekommen! Das beinhaltet alles: Ich kann viel Liebe geben und am anderen Tag lasse ich den anderen am ausgestreckten Arm verhungern. Das kann so weit gehen, dass ich ihn demütige oder sogar hasse.«

VIERER können ihre Gefühle bewusst abschalten, daher weiß man nie genau, woran man gerade ist. Hören Sie Ihren Partner öfter lamentieren: »Du verstehst mich einfach nicht!« oder »Du liebst mich nicht wirklich!«, sind Sie vermutlich mit einer VIER zusammen.

Auf längere Meinungsverschiedenheiten und Nichtverstandenwerden reagieren VIERER gern übertrieben beleidigt. Sie steigern sich dann in ihr ganz persönliches Drama hinein und stürzen sich in ein Meer von Tränen. Sie können ihre Gefühle bis in feinste Nuancen zum Ausdruck bringen und nutzen die Dramatik als Mittel gegen die von ihnen so gefürchtete Mittelmäßigkeit. VIERER spielen Spiele. Und sie instrumentalisieren!

SONG DER VIER: »WOULDN'T IT BE GOOD« VON NIK KERSHAW

Von ihrer Vorstellung erschöpft, fallen sie dann in eine tiefe Melancholie, die sie gern exzessiv auskosten, die unter Umständen aber auch depressive Züge annehmen kann.

Das Gefühl der Melancholie ist für VIERER vergleichbar mit dem, was andere als Glücklichsein beschreiben. Denn es bestärkt VIERER in ihrer Hoffnung, dass es doch noch, irgendwo, einen Menschen oder einen Ort gibt, der ihre Träume wahr werden lässt. VIERER sagen über sich selbst, dass sie gefühlsmäßig an den äußersten Grenzen dessen leben, was andere Menschen überhaupt aushalten könnten, und dass sie sich nur im Zentrum dieser tiefen Gefühle wirklich spüren können.

Durch vorsichtiges Herantasten und einfühlsame Gespräche lassen sich VIERER gern wieder aus ihrer Welt der Melancholie herauslocken, denn sie lieben es, sich wieder zu versöhnen. Auch die klare Ansage eines starken Partners – »Stopp! Bis hierhin und nicht weiter!« – kann eine VIER wieder ins Hier und Jetzt zurückbringen. Hier kann zum Beispiel ein ACHTER-Partner von Vorteil sein.

Es kann passieren, dass die VIER eine Beziehung ganz plötzlich beendet, weil sie nur noch die negativen Seiten des Partners wahrnimmt. Die On-off-Beziehung ist typisch für sie. Wollen Sie mit einer VIER leben, müssen Sie die Stärke und Gelassenheit besitzen, ihre Empfindlichkeiten und Dramen nicht persönlich zu nehmen. Lieben Sie sie einfach!

## VIERER IM BERUF

Im Job kommt es nicht selten vor, dass VIERER ein Doppelleben führen: Tagsüber gehen sie einem angesehenen Job nach, den andere als Karriere bezeichnen würden. Abends leben sie dann ihre wirkliche Berufung, an der ihr Herz hängt, vielleicht die Malerei oder das Tanzen. In der Regel haben VIERER keine langweiligen Jobs. Sie brauchen Aufgaben, in denen schöpferische Freude und etwas Exzentrik gewünscht sind. Ihrer Kreativität können sie Ausdruck verleihen als Tänzer, Sängerin, Schauspieler, Malerin, Fotomodell, Atelierbesitzer, Innenausstatterin, Antiquitätenhändler, Inhaberin eines exklusiven Secondhandshops oder als Therapeut, um nur einige Berufe zu nennen.

Viele VIERER besitzen ein kreativ-organisatorisches Talent, das zum Beispiel eine mittelmäßige Präsentation in etwas Außergewöhnliches und Spektakuläres verwandeln kann. Sie können sicher sein: Ihre Darbietung bleibt auf irgendeine Weise im Gedächtnis aller Anwesenden. VIERER sind nicht gern Teil einer Gruppe, sie möchten sich lieber von den Kollegen abheben. Werden sie von Vorgesetzten anerkannt, besser noch als »außergewöhnlich« gewürdigt, ist ihnen das fast so wichtig wie eine Gehaltserhöhung.

### EIN TYPISCHES VIERER-LAND ...

... ist Frankreich. Hier pflegt man eine besondere Lebensart. Die Franzosen verstehen sich als Kulturnation, Paris ist ihre kulturelle Metropole. Und man legt Wert auf die Besonderheiten: Ohne Französisch zu sprechen, kommt man hier nicht weit. »Savoir-vivre« steht im ureigensten Sinne für gutes Benehmen und gute Umgangsformen. Hier ist alles »superbe«, »magnifique«, »très chic« und unverwechselbar: die Sprache, die Filme, die Kunst, die Mode und die gesamte Art, zu leben und zu lieben. Selbst die französische Küche wurde 2010 zum immateriellen Weltkulturerbe ernannt!

## STRESS- UND RELAXPUNKT DER VIERER

| Stresspunkt | Relaxpunkt |
|---|---|
| Wenn VIERER unter Stress stehen, weichen sie zum Enneagramm-Typ ZWEI aus. Ihr Geliebt-werden-Wollen potenziert sich dann auf ein extremes Maß und sie fordern die unbedingte Bestätigung, über alle Maßen geliebt zu werden. | Wenn VIERER sich wertgeschätzt und geborgen fühlen, gehen sie zum Typ EINS weiter. Dann fällt es ihnen leichter, im Hier und Jetzt zu leben. Sie sind nicht mehr so abhängig von Bewunderung und entwickeln Courage und Selbstbeherrschung. |
| Erfolgt diese umfassende Liebeserklärung nicht, kann es passieren, dass die VIERER anfangen zu klammern, dass sie das Treffen abrupt abbrechen oder die Beziehung sogar ganz beenden. | Am Relaxpunkt sind VIERER in der Lage, die Fantasien über ihr Selbstbild aufzugeben und die Umstände klar und präzise zu sehen, ohne sich von ihren Gefühlen überwältigen zu lassen. |
| Wenn VIERER den positiven Aspekt der ZWEI nutzen, nehmen sie sich selbst weniger wichtig und sind in der Lage, sich mehr um die Bedürfnisse der anderen zu kümmern. | Wenn VIERER den negativen Aspekt der EINS annehmen, werden sie kritisch, arrogant und wütend oder halten Moralpredigten. |

## WARUM SIND VIERER, WIE SIE SIND?

Die eigene frühe Kindheit wurde von vielen VIERERN als das Paradies empfunden. Sie durften sich im Garten der Liebe sonnen und wurden umsorgt und geliebt. Wurden sie älter, begann der ganz natürliche Abnabelungsprozess von Eltern oder anderen Bezugspersonen, was VIERER unbewusst dennoch wie den Rauswurf aus ihrer heilen Welt erlebten. Die Konsequenz konnte sein, dass sie sich verlassen, unverstanden oder – zum Beispiel durch ein hinzukommendes Geschwisterkind –

zurückgesetzt fühlten. Eine bereits erwachsene Klientin berichtete: »Als ich mit 23 Jahren meine erste eigene, wirklich schöne Wohnung bezogen hatte, fiel ich in ein tiefes Loch. Ich wollte mein altes Kinderzimmer wiederhaben und jemanden um mich herum. Ich war ein Schatten meiner selbst und habe mich direkt das zweite Wochenende nach meinem Auszug erst mal wieder bei meiner Mutter einquartiert.«
Andere VIERER mussten in ihrer Kindheit den schmerzlichen Verlust einer ihnen nahestehenden geliebten Person verkraften – durch Umzug, Scheidung oder Tod. Wieder andere VIERER mussten sich mit einer schwierigen Familiensituation abfinden, wenn beispielsweise ein Elternteil kam und ging oder abwechselnd liebevoll und abweisend war. Möglich ist auch, dass sich das VIERER-Kind, um gesehen zu werden, mit dem emotionalen Leid eines nahestehenden Erwachsenen verband und ihm die Last abzunehmen versuchte.

*»ICH WAR NACH DER GEBURT MEINER SCHWESTER PLÖTZLICH NICHT MEHR DIE NUMMER EINS IN DER FAMILIE. DAS TAT SCHRECKLICH WEH.«*
*EINE VIER ÜBER IHRE KINDHEIT*

Aufgrund ihrer Kindheitserlebnisse träumten sich VIERER-Kinder gern in eine andere Welt; sie träumten sich fort in die Welt ihrer eigenen Gefühle und Fantasien. Nicht selten wurden sie von ihren Eltern »Träumerle« oder »Hans Guckindieluft« genannt. Eine Klientin erzählte, dass sie oft sehnsüchtig von einem Prinzen auf einem Schimmel träumte, der ihr in seinem Königreich das paradiesische Leben ihrer frühen Kindheit erneut zu Füßen legen würde: »Diese Träumereien waren manchmal so realistisch, dass ich gar nicht mehr wusste, was der Fantasie und was der Wirklichkeit entsprach. Ich fühlte mich einfach nur wohl und geborgen, hier war alles möglich. In meiner Fantasiewelt brauchte ich keine Angst vor den Bewertungen anderer zu haben. Hier war alles so, wie es schön für mich war. Hier drehte sich nichts um die Frage: Was denken die anderen?«
Man kann sagen, dass das Leben vieler VIERER von einem Gefühl großer Leere geprägt ist, bedingt durch ein Gefühl des Verlassenseins, des Verlustes oder des emotionalen Zu-kurz-Kommens. Es muss nicht

immer etwas Großes, Tragisches oder Dramatisches gewesen sein wie Scheidung oder Tod. Eine VIERER-Freundin erzählte zum Beispiel, dass sie sich durch so etwas Banales wie den Hausbau ihrer Eltern in die emotionale Wüste geschickt fühlte. Sie erinnerte sich: »Von jetzt auf gleich hatten meine Eltern kaum noch Zeit für mich; ihre Prioritäten hatten sich aufgrund des Hausbaus komplett verschoben, meine Welt änderte sich vollständig. Da stand ich nun mit meiner hohen Sensibilität, den Radar immer auf Empfang geschaltet, doch die Leichtigkeit in meinem Empfinden und die Aufmerksamkeit, die ich bekam ... Es war einfach nicht mehr dasselbe.«

VIERER empfinden Verlust sehr viel stärker als alle anderen Enneagramm-Typen. Daher haben sie auf einer tieferen Ebene beschlossen, diese Gefühle des Mangels auszugleichen, und machen sich wehmütig auf die Suche nach dem Zustand, den sie aus ihrer Kindheit vor dem Verlassenwerden kannten. Hier beginnt das Dilemma: VIERER glauben fest daran, dass sie, weil sie so viel entbehrt haben und so tief empfinden, mehr Anspruch auf Liebe haben als andere. Aber da sie ihre Ansprüche von vornherein viel zu hoch ansetzen, ist ein Scheitern oft vorprogrammiert.

Warum stürzen VIERER in solche emotionale Tiefen? Die Sehnsucht nach dem Unerreichbaren ist ein zentrales Thema des Enneagramm-Typs VIER: die Sehnsucht nach dem richtigen Partner, der

### WAS VIERERN GUTTUT

*Genießen Sie bewusst das Hier und Jetzt, so wie es ist. Üben Sie sich in liebevoller Selbstannahme, gepaart mit gesunder Selbstdisziplin. Gehen Sie Beziehungsprobleme möglichst objektiv und weniger dramatisch an! Achten Sie auf die Bedürfnisse der anderen. Nehmen Sie die Talente, die Sie bei jemandem bewundern, neidlos wahr und fördern Sie diese in sich selbst.*

wahren Liebe, dem Traumberuf, dem vollkommenen und rundum erfüllenden Leben, die Sehnsucht nach dem, was ihnen zu fehlen scheint, obwohl sie es im Inneren bereits besitzen. VIERER sind ständig auf der Suche nach Authentizität und wahrer Tiefe.

Sie scheinen regelrecht darauf zu warten, dass das Leben endlich anfängt. Das Hier und Jetzt erscheint ihnen nie so befriedigend wie eine verheißungsvolle Zukunft. So erklärt sich auch ein weiteres großes Thema der VIER: der Neid. Bedingt durch ein mangelndes Selbstwertgefühl, vergleichen sich VIERER ständig mit anderen und registrieren voller Neid, wo diese schöner, origineller, intelligenter, besser angezogen oder interessanter sind. Dieses schmerzhafte Auf-andere-Schauen kann sich auf bestimmte Personen wie Geschwister oder Freunde, aber auch generell auf das eigene Geschlecht oder auf reichere und privilegierte Menschen allgemein beziehen. Sehr verletzte VIERER glauben einfach, nicht gut genug zu sein.

Auch wird der Neid durch die Vorstellung geschürt, dass andere eine Ausgeglichenheit, Zufriedenheit oder glückliche Beziehung besitzen, die ihnen versagt bleibt. Eine Klientin erklärte das so: »Wenn ich sehe, dass andere Menschen glücklich sind und schöne Gefühle miteinander teilen können, wird mir bewusst, dass sie mir selbst oft fehlen. Das macht mich sehr traurig!« Uwe Böschemeyer bestätigt dies sinngemäß: So sehr sich VIERER dagegen zu wehren versuchen, überkommen sie Neid und Eifersucht, wenn sie bei anderen sehen, dass Glück nicht nur in Träu-

### VIERER MIT FLÜGEL ZUR DREI ...

... können zu erfolgreichen »Kreativen« werden. Sie zeigen das Besondere durch ehrgeizige und vor allem ausgefallene Leistungen. Und sie sind meist extrovertierter und unterhaltsamer als ihre **VIERER**-Kollegen ohne diesen Flügel. Negativ betrachtet stellen sie allerdings ihr Überlegenheitsgefühl offen dar, was ihnen nicht unbedingt Sympathien einbringt.

men möglich ist.[7] Sie glauben, dass so ziemlich jedem anderen etwas gelingt oder er etwas besitzt, was ihnen versagt bleibt.

Insgeheim hegen sie die Hoffnung, dass auch sie sich dann vollkommener und wertvoller fühlen werden, wenn sie das bekommen, was andere zufrieden und glücklich zu machen scheint.

VIERER haben die Angewohnheit, sich viel mit ihren eigenen negativen Emotionen zu beschäftigen, und sie haben zudem die Fähigkeit, die negativen Emotionen anderer aufzunehmen. Da sie diese zuerst nicht als bedrohlich, sondern eher als anziehend empfinden, ist ihre erste Reaktion – anstatt sich gegen diese Emotionen anderer zu wehren –, sie regelrecht aufzusaugen und ungefiltert zu ihren eigenen zu machen. Diesen Vorgang nennt man in der Psychologie »Introjektion«: Wertvorstellungen, Normen, Gedanken oder Gefühle einer anderen Person werden einfach geschluckt und zum festen Bestandteil der eigenen Psyche gemacht. Eigene Erfahrungen werden dadurch vermieden.

Nicht selten resultiert aus diesem unbewussten Verhalten der VIER eine starke emotionale Unausgeglichenheit, im schlimmsten Fall können Gesundheitsprobleme wie psychosomatische Störungen oder sogar Depressionen auftreten.

Der genaue Gegenvorgang ist die Projektion, den Typ SECHS als Vermeidungsstrategie gewählt hat: Hier werden Wünsche, Gefühle, Meinungen oder Wertvorstellungen auf eine andere Person verlagert. Sie werden in sie hineingedeutet.

### VIERER MIT FLÜGEL ZUR FÜNF …

… können zu »Exzentrikern« werden. Sie sind nicht so sehr auf die Anerkennung ihrer Person bedacht. Meistens sind sie in sich gekehrt, leben zurückgezogen und erschaffen Dinge mehr für sich selbst als für ein Publikum. Negativ betrachtet lassen sie sich nur allzu gern vom Geheimnisvollen und Unbekannten locken und ziehen sich zu sehr zurück.

## SPIRITUELLE ENTWICKLUNG

Auf ihrem spirituellen Weg werden sich VIERER von ihrer Melancholie, ihrer Traurigkeit und ihrem inneren Drama befreien. Ihre Heilung wird beginnen, wenn sie erkennen, dass ihre tragische innere Welt eine Übertreibung ist. Sie werden ihre bisherige Flucht in Sentimentalitäten und ihr selbstzerstörerisches Schwelgen beenden, damit ihr wahres Selbst zum Vorschein kommen kann.

Auf diesem Weg entdecken VIERER, dass dieses wahre Selbst von Natur aus einzigartig ist und sie darauf verzichten können, es formen zu wollen. VIERER beginnen zu erfahren, dass mit ihnen alles in Ordnung ist, dass sie bereits alles haben, was sie brauchen, und dass sie als die Person, die sie sind, schon einen wichtigen Platz im Leben einnehmen.

Wenn VIERER aufhören, in ihrer emotionalen Wüste herumzuirren, und sie ihre Angst, nicht gut genug zu sein, heilen, wird sich ihr Herz öffnen. Sie werden eins mit ihrer eigenen Schönheit und Kreativität und bekommen ein Gefühl innerer Vollständigkeit.

Anstelle eines Lebens, das auf Neid und Trauer, einer idealisierten Vergangenheit und einer fantasierten Zukunft basiert, erfahren sie, dass die von ihnen gesuchte Einzigartigkeit bereits in ihrem Inneren vorhanden ist. Auf ihrem Heilungsweg begegnen sie so dem Gefühl der Vollständigkeit und Zufriedenheit und erfahren, dass Träume im Hier und Jetzt wahr werden können.

## WAS STÖRT ANDERE AN DER VIER?

VIERER haben eine Vorliebe für intensive Gefühlserlebnisse und befinden sich ständig auf einer emotionalen Berg-und-Tal-Fahrt. Im Hin und Her zwischen Tragödie und Glücksfantasie fällt es ihnen schwer, beim Wesentlichen im Hier und Jetzt zu bleiben. Sie sind Meister der Exaltiertheit mit einem Hang zu Dramatik und Exklusivität. Ihr zwanghaftes Bemühen, verstanden zu werden, empfinden andere oft als übertrieben und anstrengend.

Durch ihre enorme Sensibilität und ihre hohe Verletzbarkeit vermitteln sie anderen den Eindruck, man müsse sie mit Glacéehandschuhen anfassen. VIERER sind in Stresssituationen so sehr mit ihrem eigenen

Drama beschäftigt, dass sie nur noch um sich selbst kreisen und keine Aufmerksamkeit mehr für andere bleibt. Sie wirken dann entweder überdreht und divenhaft oder melancholisch, in sich gekehrt, dünnhäutig oder sogar depressiv, was andere belasten kann.

## WAS BEKOMMEN ANDERE VON DER VIER?

Andere schätzen an VIERERN die Gabe, wirklich tiefes Mitgefühl empfinden zu können. Sie fühlen sich dadurch angenommen und verstanden. Insbesondere Hilflose, Leidende und Ausgestoßene wecken ihre Aufmerksamkeit. VIERER haben sehr feine Antennen für die Emotionen und die Beziehungsqualität ihrer Mitmenschen und können daher die Seelenführer in Freund- und Partnerschaften sein.

Sie scheuen kein menschliches Thema: Geburt, Sterben, Freitod, Begräbnis, Sexualität, Verlassenwerden, Liebeskummer, Einsamkeit, Melancholie – sei es noch so gefühlsintensiv, grenzwertig, verwegen, abgründig, dunkel, skurril, traurig oder erschreckend – Leben muss für sie intensiv sein! Und so auch die Gespräche und das Miteinander.

VIERER sind feingeistig, haben einen Blick für Ästhetik und besitzen die Fähigkeit, anderen die Schönheit und das Sinnhafte im Leben näherzubringen. Da sie selbst Bedeutung in allem suchen, was sie tun, inspirieren sie auch andere dazu, neue Bewusstseinstiefen zu erreichen, und motivieren sie, authentisch eigene Wege zu gehen. Sie sind tiefsinnige und tolerante Freunde.

### MEIN WUNSCH FÜR DIE VIER

*Genießen Sie den Tag, auch wenn er Ihnen noch so unvollkommen erscheint. Konzentrieren Sie sich auf die Sonnenseite Ihres Lebens. Bestaunen Sie andere(s), statt sich zu vergleichen.*

VERMITTLER
PERFEKTIONIST
HELFER
DYNAMIKER
INDIVIDUALIST
BEOBACHTER
SKEPTIKER
OPTIMIST
KÄMPFER

# TYP FÜNF

*DER ZURÜCKGEZOGENE DENKER, DER BEOBACHTER, DER FORSCHER, DER SAMMLER, DER THEORETIKER, DER STRATEGE, DER PHILOSOPH*

# »MY HOME IS MY CASTLE.«

*SIR EDWARD COKE*

## DER ERSTE EINDRUCK

Betritt eine FÜNF den Raum, wirkt sie zurückhaltend, etwas schüchtern und aufmerksam beobachtend. Sie ist eher distanziert und macht wenig Aufheben um ihre Person. Neue Kontakte sind für sie ein unsicheres Terrain, große Menschenansammlungen machen ihr Angst. Gern hält sie sich am Rand des Geschehens auf, von wo aus sie alles beobachten kann. FÜNFERN entgeht nur wenig und ihre Stärke ist eine detaillierte Beobachtungsgabe.

Sie sind keine Small-Talker und empfinden simple Konversation als unwichtig und eher lästig. Sie fühlen sich danach ausgelaugt, nicht selten schweifen sie schon während des Gesprächs gedanklich zu Dingen ab, die sie wirklich interessieren. Wenn eine FÜNF mit jemandem spricht, gleicht das eher einer Abhandlung, und wenn sie – was selten genug vorkommt – über sich selbst redet, hat man den Eindruck, sie würde über jemand anderen sprechen.

Die Kontaktaufnahme erfolgt eher über den Intellekt. Trifft die FÜNF auf eine Person, die ihr Interesse an einem bestimmten Sachthema teilt, kann sie interessiert und ausführlich fachsimpeln. Wird das Gespräch vertrauter, wird die FÜNF oftmals sogar richtig spritzig, humorvoll und sehr unterhaltsam.

FÜNFERN ist es wichtig, den Durchblick und die Übersicht zu behalten. Ihre Betrachtungsweise ist stets konzentriert und objektiv. FÜNFER haushalten mit Zeit und Energie und ziehen sich regelmäßig zurück. Sie

| WAS VERBIRGT SICH UNTER DER OBERFLÄCHE? | |
|---|---|
| **unbewusste Grundangst** | inkompetent, nutzlos, untauglich zu sein |
| **spontanes Angstgefühl** | unvorbereitet zu sein, nicht zu wissen, was erwartet wird |
| **Grundbedürfnis** | Wissen zu sammeln und kompetent zu sein |
| **unbewusste Ego-Botschaft** | »Wenn du genug weißt, kann dir nichts passieren.« |
| **Abwehrmechanismus** | Rückzug, Isolation und Segmentierung |
| **Leidenschaft** | Habgier, ausgelebt durch Geiz |
| **Extreme** | objektiv – snobistisch |
| **benötigte Stärke** | loslassen können |
| **Überlebensstrategie** | sich zurückziehen, um sich nicht verwickeln zu lassen |
| **Sprachstil** | sachlich, systematisierend, vortragend |
| **Spitznamen** | Minimalist, Eigenbrötler, Nerd |

sind freundlich und sagen fast immer nur das Notwendigste. Sie sammeln Daten und Fakten und organisieren ihr Wissen gern in Mindmaps. Wissen, Verstehen und Analysieren bedeutet für sie Sicherheit. Sie sind ernsthaft und geistreich, eher unparteiisch und sachlich, manchmal reserviert bis distanziert.

## DAS MITEINANDER

FÜNFER leben auch in der eigenen Familie eher zurückgezogen. Selbst dort ist ihnen ihre Privatsphäre sehr wichtig und sie benötigen – wenn irgend möglich – ihre eigenen vier Wände. Trotz allem sind sie fürsorgliche Menschen. Gedanklich beschäftigen sie sich mit den Belangen ihrer Familienmitglieder und fragen nach, ob sie helfen können.

## GROSSE FÜNFER-PERSÖNLICHKEITEN

Die folgenden Persönlichkeiten gehörten oder gehören sehr wahrscheinlich zum Enneagramm-Typ **FÜNF**: Albert Einstein, Charles Darwin, Paul Getty, Meryl Streep, Greta Garbo, Bob Dylan, Laotse, Buddha, Howard Hughes, Bill Gates, Franz Kafka, Ken Wilber, Jane Goodall, Stephen Hawking, Herbert Feuerstein, Helge Schneider.

Dabei ist ihre Kommunikation knapp und präzise. Auf ihre Frage »Was ist los? Was kann ich tun?« brauchen sie Fakten und kein irrationales Verhalten. Bevor FÜNFER sich in Emotionales verwickeln lassen, entziehen sie sich lieber der Situation, weil sie Gefühlsäußerungen als aufdringlich, anstrengend und zeitraubend empfinden. Trotzdem sind sie zur Stelle und packen mit an: »Ich helfe, wo ich kann, doch es braucht einen klaren zeitlichen Rahmen und ein Aufgabenfeld, in dem ich weiß, was zu tun ist.«

In zwischenmenschlichen Beziehungen sind FÜNFER die unabhängigsten aller Enneagramm-Typen. Um sich in Kontakten wohlzufühlen, brauchen sie Abstand. FÜNFER schaffen sich den, indem sie sich gefühlsmäßig isolieren und nur wenig Persönliches preisgeben. Es ist ihnen ein großes Bedürfnis, ihre Privatsphäre zu schützen. Schnell erleben sie das Zusammensein mit anderen als anstrengend und brauchen das Alleinsein, um wieder aufzutanken.

Jürgen Gündel, selbst eine FÜNF, sagt: »FÜNFER haben das Gefühl, generell zu wenig Energie, Zeit und Ressourcen zu haben.«[8] Bekommt eine FÜNF unerwartet Besuch, erlebt sie das als potenzielles Eindringen in ihr Privatleben und geht erst einmal auf Abstand. Alleinsein, Dinge allein zu tun, ist immer ihre erste Wahl. FÜNFER scheinen niemanden zu brauchen und sind sich selbst genug. Sie erwarten von niemandem etwas, außer in Ruhe gelassen zu werden, und auch sie respektieren immer die Privatsphäre anderer.

Dennoch: FÜNFER beschäftigen sich in der allein verbrachten Zeit viel mit der Vor- und Nachschau von Begegnungen. Sie können Verbundenheit und Zuneigung zu Menschen, die ihnen wichtig sind, auch ohne direkten Kontakt empfinden. Haben Sie bei jemandem das Gefühl: »An die oder den komme ich nicht wirklich heran«, haben Sie vermutlich eine FÜNF kennengelernt.

Vor allem mit Gefühlen, den eigenen und denen anderer, wollen sich FÜNFER möglichst nicht auseinandersetzen. Dies ist auch das zentrale Thema der FÜNFER: die Angst vor dem Fühlen. Oftmals bereiten sie entsprechende Situationen und sogar das Fühlen vor und nach. Diese Fähigkeit, Ereignisse sozusagen in der Vorschau Revue passieren zu lassen, gibt ihnen ein Gefühl von Sicherheit und die von anderen so geschätzte, für die FÜNF typische Objektivität.

TYP FÜNF: KOPF-INTELLIGENZ-ZENTRUM

Passiert es allerdings doch einmal, dass eine FÜNF in eine unvorhergesehene, von ihr zuvor nicht durchkalkulierte Situation gerät, friert sie, bildlich gesprochen, ihre Gefühle augenblicklich ein. Wenn sie später allein ist und sich sicher fühlt, taut sie die Gefühle wieder auf und bringt sie erstmals mit dem Ereignis zusammen, um so ihre emotionale Befindlichkeit in der Sache herauszufinden. Eine FÜNF berichtete: »Bei mir hat es Jahre gedauert, bis ich in der Lage war, bei einem intensiven Erlebnis spontan etwas zu fühlen.«

## DIE GABE DER FÜNF

*Wir dürfen uns bei Typ FÜNF bedanken, denn FÜNFER besitzen die große Gabe, die Welt mit ihrer Objektivität, ihrer Klarheit und echtem Expertentum zu bereichern.*

### TYPISCHE GEDANKEN EINER FÜNF

»Es ist wichtig, unabhängig zu sein.«
»Ich muss meine Privatsphäre schützen.«
»Es ist taktlos, jemandem zu nahe zu treten.«
»Ich möchte meine Ruhe haben.«
»Wissen ist Macht!«
Gedanken über ihre Mitmenschen: »Andere haben nicht nachgedacht, nicht zu Ende gedacht.«

Das Wohnumfeld einer FÜNF ist eher schlicht und zweckmäßig. Worauf es FÜNFERN ankommt, wenn sie mit jemandem zusammenleben, ist, im Idealfall einen Raum für sich zu haben oder zumindest eine Rückzugsmöglichkeit, einen Platz, an dem sie für sich sein können. Statussymbole oder repräsentativen Schnickschnack wird man bei FÜNFERN nicht finden. Allerdings kann es sein, dass sie ein großes technisches Equipment wie den neusten PC, ein Fotolabor oder eine teure Musikanlage besitzen. FÜNFER sind oft leidenschaftliche Sammler. Sie besitzen nicht selten so etwas wie einen großen Weinkeller, Modellflugzeuge oder eine umfangreiche Bücher-, CD- oder Uhrensammlung. Wenn FÜNFER eine Party geben, laden sie in der Regel nur ein paar gute Freunde ein. Das Buffet ist eher übersichtlich. Eine große Feier zu organisieren und sich um jeden Gast intensiv zu kümmern, wäre für FÜNFER der pure Stress. Außerdem ist es für gewöhnlich so, dass sich ihre Freunde untereinander gar nicht kennen.

## LIEBE UND ZWEISAMKEIT

Jürgen Gündel beschreibt die ideale FÜNFER-Vorstellung von einer Partnerschaft mit diesem Bild: Rücken an Rücken auf einer Picknickdecke sitzend und jeder ein Buch lesend.
FÜNFER verbinden sich durchaus gern, wollen dabei aber unbedingt ihre Eigenständigkeit wahren. Sie erleben Intimität auch ohne Worte.

Für sie ist es leichter, Gefühle zu empfinden, wenn sie sie nicht aussprechen müssen. Ihre Schwierigkeit, Gefühle direkt auszudrücken oder zu zeigen, lässt sie in den Augen ihrer Partner oft als in sich gekehrt, unnahbar oder gefühlskalt erscheinen. Für emotional hungrige Menschen, wie es die Herzmenschen ZWEI, DREI und VIER sind, ist es oftmals schwierig, von den scheibchenweise servierten Gefühlen der FÜNF satt zu werden.

Dazu kommt noch, dass der Körperausdruck oft etwas anderes vermittelt, als Typ FÜNF verbal äußert: Es kann durchaus sein, dass eine FÜNF Sie liebevoll umarmt, aber auf Ihre daraufhin gemachte Liebeserklärung nichts antworten kann. Das ist natürlich sehr verwirrend und nicht selten schmerzhaft. Denn die FÜNF wirkt kühl und zurückweisend, ohne es so gemeint zu haben.

SONG DER FÜNF: »ENJOY THE SILENCE« VON DEPECHE MODE

Später, wenn sie wieder mit sich allein ist, lässt sie diese Begegnung und die damit verbundenen Gefühle noch einmal Revue passieren. Erst dann ist sie in der Lage, diese Gefühle wirklich zu fühlen.

## FÜNFER IM BERUF

Im Job sind FÜNFERN selbstständiges Arbeiten und abwechslungsreiche Themen wichtig. Oft trifft man sie in wissenschaftlichen, technischen oder anderen Bereichen, die hohe intellektuelle Anforderungen stellen. Sie sind der kluge Berater hinter einer Autorität und scheuen eher die Position im Vordergrund oder in der Öffentlichkeit. Nicht selten trifft man hier auf die Kombination FÜNF und DREI – die FÜNF agiert als Denker, die DREI als Präsentator.

Dank ihrer analytischen Fähigkeiten glänzen FÜNFER als Ideenlieferant, Planer und Entwickler, sie sind gründlich, logisch und entscheiden methodisch. All dies können sie aber nur unter der Voraussetzung, dass sie ungestört, möglichst in einem eigenen Raum arbeiten können, um ganz in ihrem Projekt zu versinken. Ein Großraumbüro ohne Trennwände, mit vielen Schreibtischen und schnatternden Kollegen ist für FÜNFER die Hölle! Sie können sich in Gegenwart anderer nur schwer

konzentrieren. Plötzliche Störungen bringen sie aus ihrem Gedankenkonzept, in das sie dann nur schwer wieder hineinfinden. Sie brauchen ihre klaren Strukturen, um effizient und gut zu sein.
Da FÜNFER sich wissbegierig in ein Projekt hineinarbeiten, sich regelrecht zum Experten machen, haben sie große Angst davor, dass ihre Arbeit am Ende als wertlos angesehen werden könnte. Eine FÜNF berichtete: »Mich begleitet immer die Angst, es nicht gut genug geplant und strukturiert zu haben, sodass die anderen am Ende meine Leistung als nicht gut und mich als nicht kompetent ansehen könnten.«
Mittagspausen machen sie gern allein – oder mit einem fachlich kompetenten Kollegen, mit dem sie sich über Sachthemen unterhalten können. Sie zieht es nicht in größere Gruppen, in denen womöglich über Privates geschwatzt wird. Insgesamt überrascht es nicht, dass FÜNFER selten den Beruf des Politikers, Schauspielers oder Verkäufers ergreifen werden. Man findet sie eher in technischen Berufen oder unter Lehrern und Beratern, gern auch in Berufen, in denen man sich per se zurückziehen darf, wie es bei Schriftstellern oder Lektoren der Fall ist.

## EIN TYPISCHES FÜNFER-LAND …

… ist England. Der Brexit ist beschlossene Sache: Bye-bye Europäische Union! Wir sind lieber allein. Wir sind eine Insel. Hier pflegt man einen reservierten, eher höflichen und introvertierten Lebensstil. Auf gewisse Emotionen kann gut und gern verzichtet werden. Viele Briten sehen sich aufgrund ihrer imperialen Vergangenheit als privilegiert an. England gilt ihnen als Wiege der Moderne oder gar der Demokratie. Aufgrund vieler unterschiedlicher Nationalitäten, die hier leben, findet man in England eine sehr tolerante Mentalität vor – aber eben doch mit Zurückhaltung. In der Londoner U-Bahn, der Tube, wird nicht belanglos geschwatzt, sondern diskret geschwiegen. We enjoy the silence!

## STRESS- UND RELAXPUNKT DER FÜNFER

| Stresspunkt | Relaxpunkt |
|---|---|
| Wenn FÜNFER unter Stress stehen, weichen sie zum Enneagramm-Typ SIEBEN aus und verlassen den sicheren Hafen ihrer Gedanken. Dies hat oft zur Folge, dass sie mehr Aufgaben übernehmen, als sie bewältigen können. Dadurch werden sie zerstreut, unkonzentriert und kopflos. In einer extrem stressigen Situation können sie zynisch oder sogar aggressiv werden.<br><br>Wenn FÜNFER den positiven Aspekt der SIEBEN nutzen, werden sie spontaner und kommunikativer, erleben ihr Leben intensiver und fangen an, ihre Beziehungen richtig zu genießen. | Wenn FÜNFER sich sicher und geborgen fühlen, gehen sie zur ACHT weiter. Dies hat zur Folge, dass sie mit ihrem Körper besser in Kontakt kommen und dessen Energie nutzen können. Sie haben weniger Scheu vor ihren Gefühlen, lernen, sie als nicht bedrohlich zu sehen, werden dadurch kraftvoller, beziehen Stellung und kommen besser ins Handeln.<br><br>Wenn FÜNFER den negativen Aspekt von Typ ACHT annehmen, werden sie streng und unnachgiebig, verschwinden für andere von der Bildfläche oder ignorieren die Wünsche und Gefühle ihrer Mitmenschen völlig. |

## WARUM SIND FÜNFER, WIE SIE SIND?

Es kann – wie bei allen anderen Enneagramm-Typen auch – verschiedene familiäre Hintergründe gegeben haben, warum eine FÜNF eine FÜNF wurde. Einige erlebten in ihrer Kindheit einen Elternteil als besonders aufdringlich. Dies war oft eine gluckenhafte Mutter, es konnte aber auch ein überfürsorglicher Vater oder ein um Aufmerksamkeit und Zuwendung buhlendes Geschwisterkind sein. FÜNFER-Kinder erlebten ihre Familienmitglieder häufig als übergriffig oder hochemotional.
Viele erinnern sich, dass sie das Gefühl hatten, von der Liebe der anderen regelrecht erdrückt zu werden. Nicht selten waren sie der Partnerer-

satz für einen alleinerziehenden oder sich allein fühlenden Elternteil. Andere FÜNFER berichten, dass sie in ihrer Kindheit mitbekamen, dass sie nicht unbedingt geplant waren, was aber nicht heißen musste, dass sie nicht gewollt waren. Fatalerweise aber deutete das FÜNFER-Kind dies als: »Ich bin nicht erwünscht!«
Es kann auch sein, dass beide Elternteile für den Lebensunterhalt der Familie viel arbeiten mussten und wenig Zeit hatten, oder das FÜNFER-Kind fühlte sich neben den Geschwistern als »eines unter vielen« und durch mangelnde Aufmerksamkeit ignoriert oder vernachlässigt.
Viele FÜNFER verbrachten in ihrer Kindheit liebend gern Zeit mit sich selbst. Sie waren ruhige, genügsame Kinder, die sich lieber mit Spielsachen und später mit Büchern, dem PC oder Laptop beschäftigten, als mit den Geschwistern oder Nachbarskindern zu spielen. Zu sportlichen Aktivitäten mussten Eltern ihre FÜNFER-Kinder eher animieren, da sie lieber in ihre Bücher schauten.

*»VERTRAUEN IST EINE OASE IM HERZEN, DIE VON DER KARAWANE DES DENKENS NIE ERREICHT WIRD.«*
*KHALIL GIBRAN*

Intellektuell waren sie gleichaltrigen Kindern meist voraus, da sie spielend lernten: Oft fielen sie durch Wissensdurst und Forscherdrang auf, konnten sich stundenlang allein beschäftigen und fingen schon früh an, Wissen zu sammeln. Von klein auf lernten sie so, den Anforderungen der Welt zu entkommen, indem sie ihre Aufmerksamkeit nach innen verlagerten. Sie begannen, sich psychisch und physisch von der Außenwelt zu distanzieren, und verbrachten einen großen Teil ihrer Zeit in ihren »imaginären Forschungs- und Entwicklungsabteilungen«. Sie wollten unabhängig werden und sich so oft wie möglich von der anstrengenden emotionalen Bindung zur Mutter und deren Fürsorge lösen. Es kann aber auch sein, dass sie sich in ihre eigene Welt zurückzogen, weil ihre Bezugspersonen weder ausreichend Zeit noch Interesse für sie aufbrachten.
Bereits in der Kindheit fangen FÜNFER an, ihren Wunsch nach Nähe und Wärme zu unterdrücken, da sie sich entweder von der ihnen entgegengebrachten Fürsorglichkeit ausgelaugt fühlten oder wenig bis gar

nicht beachtet wurden. Dies könnte die später im Erwachsenenleben einer FÜNF oftmals auftauchende gewisse Art von Abneigung gegen enge gefühlsmäßige Bindungen erklären. Sie werden von manchen FÜNFERN sogar als Belastung empfunden.
Meine liebe Freundin Lena erzählte mir dazu aus ihrer Kindheit: »Als Einzige von vier Geschwistern habe ich mich erfolgreich dem Kindergartenzwang widersetzen können. Dadurch hatte ich viel Zeit für mich allein und konnte ungestört meinen eigenen Interessen nachgehen. Entscheidend für meine Verweigerung war folgendes Erlebnis: An einem Probetag (meine ältere Schwester hatte mich einmal mitgenommen) mussten alle Kinder aufgereiht ein dickes Seil anfassen, um dann gemeinsam einen Spaziergang zu machen. Für die kleine FÜNF war das so grauenhaft, dass sie nie wieder dorthin wollte (... und zum Glück auch nicht musste). Interessant aus meiner heutigen Perspektive: Nie konnte ich mein Grauen anderen verständlich machen.«
Dr. Susanne Marx hat sich unter anderem viel mit der FÜNF beschäftigt. Sie sagt: »Der wichtigste Schutzmechanismus der FÜNFER ist der Rückzug aus dem Leben in eine sichere Umgebung und in die eigene Welt ihrer Gedanken.«[9] Dies tun sie, da sie befürchten, die Erwartungen

## WAS FÜNFERN GUTTUT

*Genießen Sie den Augenblick und versuchen Sie, emotionale Empfindungen im Hier und Jetzt zuzulassen. Wenn das sehr fremd für Sie ist, beginnen Sie vorsichtig und zwanglos. Lernen Sie, Ihre Gefühle besser wahrzunehmen, und fangen Sie an, sie auszudrücken. Teilen Sie Ihr Wissen und blicken Sie nicht auf weniger intelligente Menschen herab. Pflegen Sie Freundschaften und melden Sie sich öfter bei den anderen. Es könnte Ihnen guttun, insgesamt aktiver zu werden. Raus aus dem Haus! Treiben Sie Sport! Ganz nach dem Motto: »Ein gesunder Geist wohnt in einem gesunden Körper.«*

anderer könnten sie zu viel Kraft kosten, könnten sie auslaugen oder völlig aus dem Gleichgewicht bringen. Daher verlagern sie ihre Aufmerksamkeit weg vom Körper und vom Gefühl hin zum Denken. Ihr ohnehin schon scharfer und analytischer Verstand bekommt dadurch ein immer größeres Eigenleben. Er läuft pausenlos auf Hochtouren und es wird für FÜNFER dann immer schwieriger, ihren Körper und ihre Gefühle wahrzunehmen.

Marx weiter: »Dieser Rückzug ist geprägt von einem tiefen Gefühl der Resignation und Vergeblichkeit. FÜNFER haben das Gefühl, nicht am Leben teilzuhaben, nicht dazuzugehören und unwichtig zu sein, und ziehen sich deshalb schon prophylaktisch zurück. Sie halten ihre eigenen Gefühle für unwichtig und nicht der Rede wert und lassen die anderen deshalb oft darüber im Unklaren.«[10] Dahinter steckt die hoffnungslose Idee, sich sowieso nicht verständlich machen zu können. Also lassen sie es gleich ganz.

Ein weiterer Grund, warum FÜNFER sich zurückziehen, ist ihre Angst vor dem Fühlen. Sie haben Angst vor emotionalen Forderungen, vor Nähe und Intimität, vor der Begegnung mit allem unkalkulierbaren Neuen. Viele FÜNFER berichten, dass sie während einer persönlichen Begegnung oft erstarrt sind und erst einmal allein sein müssen, um herauszufinden, was sie fühlen. Sie haben Angst um ihre Autonomie, wenn sie sich emotional einlassen, wenn eine Beziehung verpflichtender wird. Ein für Typ FÜNF sehr wichtiges Bedürfnis ist daher das nach

### FÜNFER MIT FLÜGEL ZUR VIER …

… werden zu »Individualisten«. Sie kombinieren Wissensdurst und Gestaltungskraft mit dem Wunsch, persönliche Träume zu verwirklichen. Dabei entwickeln sie sich oftmals zu Exzentrikern, die sehr kreativ sind. Negativ betrachtet sind sie geneigt, sich von verbotenen Dingen verführen zu lassen. Dabei verlieren sie sich leicht in ihren geistigen Landschaften.

Unabhängigkeit. Durch das daraus oft entstehende Gefühl der Trennung und des Abgeschnittenseins entsteht die Befürchtung: »Es wird nie etwas von außen kommen, was meine Bedürfnisse und Wünsche erfüllen kann.« Daraus entsteht ein Glaubenssatz der FÜNF: »Ich bekomme es nicht, dann will und brauche ich es auch nicht.«
Dr. Susanne Marx: »FÜNFER haben das Gefühl, sehr sparsam und bewusst haushalten zu müssen – nicht nur mit ihrem Geld, sondern auch mit ihrer Zeit, Energie, Aufmerksamkeit und mit Kommunikation – einfach weil von allem nur so wenig da ist.«[11] Durch die daraus entstandene Leidenschaft der FÜNF, dem Geiz – sie hat Angst, zu kurz zu kommen –, ist sie ständig bemüht, ihre Ressourcen zu horten. Dabei geht es der FÜNF nicht um das Besitzen von Dingen und nicht mal darum, sie zu konsumieren. Helen Palmer beschreibt es treffend: »Auch wohlhabende FÜNFER kommen am liebsten mit wenig aus (…) und führen dasselbe auf das Elementarste reduzierte Leben wie ihre ärmeren Typgenossen.«[12] Dieses Nicht-Brauchen gibt ihnen ein Gefühl der Überlegenheit denen gegenüber, die sich für materiellen Reichtum abstrampeln.
FÜNFER geizen manchmal auch mit ihrem Wissen, halten zu ihrem persönlichen Gebrauch daran fest und teilen ihre geistigen Schätze nur, wenn jemand die richtigen Fragen stellt. Der Stolz auf den Verstand und die daraus entstehende Überheblichkeit kann eine Gegenreaktion auf das Gefühl sein, dass andere deutlich mehr emotionale Kompetenz und Lebensenergie besitzen.

### FÜNFER MIT FLÜGEL ZUR SECHS …

… werden zu »Intellektuellen«. Sie haben eher den Wunsch, ihre wache Kombinationsgabe und ihre solidarische Ader zum Wohle einer Gruppe einzusetzen. Sie sind intelligent, kollegial und ausdauernd und weniger auf sich bezogen als »reine« **FÜNFER**. Negativ betrachtet lassen sie sich nur schwer von einer einmal getroffenen Meinung abbringen.

## SPIRITUELLE ENTWICKLUNG

Auf ihrem spirituellen Weg ist es für FÜNFER von großem Wert, den Worten Buddhas zu lauschen, der sagt, dass die Befreiung im »Nicht-Anhaften« liegt. Er meint damit das offene und unvoreingenommene Schauen auf die Dinge und rät, auch an Wissen nicht festzuhalten. »Nicht-Anhaften« gestattet Gefühlen und Erfahrungen, zu kommen und zu gehen, in dem Wissen, dass das Leben genug davon bereithält. FÜNFER müssen ihr Dilemma wahrnehmen: dass sie versuchen, das Leben zu ergründen, ohne es wirklich zu leben. Sie werden erkennen, dass sie sich mit den Beobachtungen ihrer Erlebnisse begnügen, anstatt ihr Dasein mit erlebten Ereignissen zu füllen. Ihr Heilungsprozess beginnt, wenn sie sich der Leere im Inneren und ihrer abgrenzenden und distanzierten Art im Außen bewusst werden. Karen Webb beschreibt diese Heilung folgendermaßen: »Indem sie beginnen, ihre Energie freier fließen zu lassen und sie zunehmend mit anderen Menschen zu teilen, entdecken sie, dass diese sich selbst erneuert.«[13]

Dieser Weg ist nicht einfach und sie werden ihn vermutlich immer wieder von Neuem gehen müssen. Doch wenn sie diese innere Reise nicht abbrechen, wird sie letztendlich ihr Leben verwandeln. Statt wie bisher das Leben nur anhand von Vorstellungen und Abstraktionen aus der Distanz zu erleben, werden sie immer mehr von der Realität berührt. Sie werden erkennen, dass Sein nur über den Körper, die Sinne und Gefühle wahrgenommen werden kann, nicht über den Geist.

FÜNFER heilen, wenn sie erkennen, dass ihnen alles Wissen zugänglich ist, ohne dass sie es anhäufen müssen. Ihre Suche nach Wissen und Erkenntnis wird nach und nach echtem Erleben und wahrem Verstehen Platz machen und der Hunger ihrer Seele wird durch Weisheit gestillt.

## WAS STÖRT ANDERE AN DER FÜNF?

Da FÜNFER am liebsten mit sich allein sind, kommt bei Partner und Freunden die Botschaft an: »Ich komme auch ohne dich gut klar.« Die anderen fühlen sich dadurch oft ausgeschlossen, vernachlässigt oder nicht dazugehörig. Manchmal sind FÜNFER stundenlang verschwunden und keiner weiß, wohin. Oder sie bringen es fertig und melden sich

nach einem wunderschönen gemeinsam verbrachten Abend tagelang nicht. Ohnehin können ihre mangelnde Spontanität und ihre karge Kommunikation andere schon mal zur Verzweiflung bringen. Auch im Zeitalter von Skype, E-Mails, WhatsApp, Twitter & Co. hat eine FÜNF kein Problem damit, erst nach Wochen auf eine Frage zu antworten.
Im Zusammensein wirkt die scharfe Beobachtungsgabe einer FÜNF manchmal, als würde man komplett von ihr durchschaut, was je nach Typ verunsichern oder auch als bedrohlich empfunden werden kann. Fühlen sich FÜNFER ihrerseits in die Enge getrieben, können sie mit bissigem Sarkasmus, Spott oder Verachtung kontern.

## WAS BEKOMMEN ANDERE VON DER FÜNF?

Andere schätzen an FÜNFERN, dass sie auch in schwierigen oder emotionalen Situationen die Ruhe, den Überblick und einen klaren Kopf bewahren. Uneigennützig stehen sie anderen mit ihrer Objektivität und Fairness zur Seite. FÜNFER zeigen, wie man in einem bestimmten Bereich ein Experte wird, mit welcher Hingabe man sich einem Thema widmen kann und wie erfüllend und wertvoll Wissen ist. Sie sind sehr kompetent darin, sachliche Informationen zusammenzutragen, logisch und präzise aufzubereiten und anderen zur Verfügung zu stellen.
Auch haben FÜNFER einen herrlich schrägen, man könnte auch sagen englischen oder einfach nur originellen Humor, der jeden erfreut, der selbst Spaß an intellektuellen Pointen hat. Für den, der einmal ihre Sympathie gewonnen hat, sind FÜNFER Freunde fürs Leben.

## MEIN WUNSCH FÜR DIE FÜNF

*Gehen Sie raus aus dem Kopf und rein in die Welt. Vertrauen Sie Ihrer Intuition. Versuchen Sie, Spaß zu haben. Setzen Sie Ihre Ideen um, auch wenn sie noch nicht hundertprozentig ausgereift sind.*

VERMITTLER
PERFEKTIONIST
HELFER
DYNAMIKER
INDIVIDUALIST
BEOBACHTER
SKEPTIKER
OPTIMIST
KÄMPFER

# TYP SECHS

*DER LOYALE SKEPTIKER,
DER ZWEIFLER, DER TREUE FREUND,
DER SICHERHEITSORIENTIERTE,
DER MITSTREITER, DER VERBINDER,
DER OPFERBEREITE,
DER ADVOCATUS DIABOLI*

»ZWEIFEL DARF NICHTS ANDERES SEIN ALS WACHSAMKEIT, SONST KANN ER GEFÄHRLICH WERDEN.«

*GEORG CHRISTOPH LICHTENBERG*

## DER ERSTE EINDRUCK

Betritt eine SECHS den Raum, verhält sie sich zurückhaltend und unauffällig. Weibliche SECHSER wirken oft wie ein scheues Reh, das Witterung aufnimmt. Mit feinen Antennen nehmen sie die Gesamtatmosphäre wahr und überprüfen die Eindrücke, die die anderen Menschen auf sie machen.

SECHSER sind in der Lage, mehrere Gespräche zugleich mitzuverfolgen und auch nonverbale Signale zu deuten. Sie sind ständig damit beschäftigt, zu überprüfen, ob die anderen vertrauenswürdig sind, und bleiben sehr aufmerksam für Widersprüche und Ungereimtheiten. »Zweifel und Ängste machen das Kennenlernen neuer Leute für mich immer zu einer Strapaze«, erzählte eine Klientin. Negative Signale empfindet die SECHS als Bedrohung – die mit der phobischen Ausprägung zieht sich dann zurück, als kontraphobische reagiert sie eher aggressiv.

## WAS VERBIRGT SICH UNTER DER OBERFLÄCHE?

| | |
|---|---|
| **unbewusste Grundangst** | Sicherheit und Geborgenheit zu verlieren |
| **spontanes Angstgefühl** | sich minderwertig zu fühlen |
| **Grundbedürfnis** | Sicherheit, Vertrauen und Unterstützung zu erlangen |
| **unbewusste Ego-Botschaft** | »Du bist in Ordnung, wenn du tust, was von dir erwartet wird.« |
| **Abwehrmechanismus** | Projektion |
| **Leidenschaft** | Angst, ausgelebt durch Zweifel und Skepsis |
| **Extreme** | ehrlich – überkritisch mit sich selbst |
| **benötigte Stärke** | Mut und Vertrauen |
| **Überlebensstrategie** | sich perfekt auf alles vorbereiten |
| **Sprachstil** | phobisch: warnend, hinweisend, begrenzend, »vorsichtshalber ...«; kontraphobisch: hinterfragend, provokant, streitlustig, »Ja, aber ...« |
| **Spitznamen** | Meister der Prophylaxe, Anwalt des Teufels |

Haben SECHSER allerdings erst einmal Vertrauen gefasst, können sie durchaus sehr lebendig, unterhaltsam und erfrischend heiter sein. Phobische SECHSER werden von Sorgen, Zweifeln und Bedenken gesteuert. Sie hinterfragen die Dinge und kommen nur schwer ins Handeln, wodurch sie so manche Gelegenheit verpassen. Kontraphobische SECHSER plagen die gleichen Ängste, doch sie agieren unter Stress oft nach dem Augen-zu-und-durch-Prinzip und machen von ihren Ellbogen Gebrauch. Dennoch: Beide SECHSER sind loyale, mitfühlende und zuverlässige Menschen.

### GROSSE SECHSER-PERSÖNLICHKEITEN

Folgende Persönlichkeiten waren oder sind sehr wahrscheinlich **SECHSER**: Julia Roberts, Armin Mueller-Stahl, Günther Jauch, Harald Schmidt, Richard von Weizsäcker, Philipp Lahm, Meg Ryan, Jane Fonda, Steve McQueen, Humphrey Bogart, Woody Allen, Jiddu Krishnamurti, Helen Palmer, Sigmund Freud, Wladimir I. Lenin, Sherlock Holmes, Charles M. Schulz (Vater von Charlie Brown).

## DAS MITEINANDER

Haben SECHSER eine Familie, ist sie enorm wichtig für sie. Ihr Pflichtgefühl und ihr Bedürfnis nach Zugehörigkeit macht sie oftmals zu Beschützern der Tradition und Bewahrern der Familiengeschichte. Ihre Art, andere zu unterstützen, kann – unter dem Deckmäntelchen, »es doch gut zu meinen« – stark warnend und hemmend sein. In diesem Verhalten unterscheiden sich Typ SECHS und Typ ZWEI kaum. Doch die Motivation ist eine andere: Während es Typ ZWEI darum geht, in Beziehung zu sein und eine Rolle im Leben der anderen zu spielen, wollen SECHSER den Familienbund, der ihnen Sicherheit gibt, erhalten. SECHSER ohne Familie suchen Geborgenheit und Halt in einer stabilen Gruppe wie einem Sportverein oder in Institutionen wie Kirche und Kommune, wo durch anerkannte Verhaltensregeln sichergestellt ist, dass jeder weiß, was seine Aufgabe ist. Sicherheit verleihen ihnen auch Gesetze, Werte, Traditionen, Rituale und Weltanschauungen, für die sie sich gern einsetzen.

In einer zuverlässigen Gemeinschaft mit klar definierten Regeln finden sie Schutz und Geborgenheit, Wertschätzung und Unterstützung. Dafür sind sie bereit, sich nach den Wünschen der Gruppe zu richten, was manchmal so weit geht, dass sie ihre eigenen Bedürfnisse gar nicht äußern, sie sogar chronisch unterdrücken. Manche Fähigkeiten werden so überhaupt nicht ausgelebt. SECHSER handeln so, weil sie fürchten, ansonsten die Zuwendung und den Halt der Gruppe zu verlieren. Sie sind wahrscheinlich die am meisten angepassten Menschen überhaupt. Wird der Bogen allerdings überspannt und die SECHS merkt, dass sie übervorteilt, hintergangen oder ausgenutzt wird, dann zieht sie sich zurück – manchmal sogar auf ewig. Ein Klient dazu: »Ich kann das nicht vergessen, es ist sozusagen in meinem Langzeitgedächtnis abgespeichert und ich brauche dann ein mir verständliches, aufklärendes Gespräch und auf jeden Fall sehr viel Zeit, um überhaupt wieder Vertrauen aufbauen zu können. Manchmal ist es auch ganz vorbei und man kommt nicht mehr an mich heran.«

TYP SECHS: KOPF-INTELLIGENZ-ZENTRUM

Doch in der Regel sind SECHSER treue Gefährten: phobische sind warmherzig und zurückhaltend, kontraphobische eher enthusiastisch und übermütig. Beide Ausprägungen haben einen unbeirrbaren Gerechtigkeitssinn und solidarisieren sich deshalb gern mit Schwächeren.

Das Wohnumfeld einer SECHS ist ansprechend und gemütlich, sie braucht es ruhig und übersichtlich. Vielleicht ist sie nicht unbedingt nach dem neusten Trend eingerichtet, denn Statussymbole, befürchten sie, sind eine zu teure Investition. Geld wird nicht verschwendet. Eher findet man hier Dinge, an die schöne Erinnerungen gebunden sind oder die einen gewissen funktionellen Wert haben. Ähnlich dem Enneagramm-Typ FÜNF braucht die SECHS die Möglichkeit für ihren persönlichen Rückzug.

## DIE GABE DER SECHS

*Wir dürfen uns bei Typ SECHS bedanken, denn SECHSER besitzen die große Gabe, anderen Menschen Achtsamkeit, Verlässlichkeit und wahre Loyalität entgegenzubringen.*

### TYPISCHE GEDANKEN EINER SECHS

»Man muss auf alles vorbereitet sein.«
»Nichts ist so, wie es zu sein scheint.«
»Wer mit dem Schlimmsten rechnet, kann nur positiv überrascht werden.«
»Seine Gefühle offen zu zeigen ist gefährlich.«
Gedanken über ihre Mitmenschen: »Andere sind mit Vorsicht zu betrachten!«

Geben SECHSER eine Party, sind sie großzügige und aufmerksame Gastgeber. Da sie nur zu wenigen ausgesuchten Menschen Vertrauen aufbauen, ist ihr Freundeskreis eher überschaubar, was aber nicht heißen muss, dass SECHSER keine großen Partys feiern. Doch Freunde und Bekannte sind für sie zwei verschiedene Paar Schuhe. Eine Klientin über sich: »Hier differenziere ich strikt – das eine ist eine Freundin, das andere eine Bekannte. Eine Freundin ist eine Basis, sie bedeutet Stabilität und offene Gespräche. Mit Bekannten ist netter Smalltalk möglich, das wird mir auf Dauer aber zu oberflächlich.« Eine Einladung bei einer SECHS kann also beides sein: eine Party mit Freunden und Bekannten oder ein geselliges Beisammensein unter echten Freunden.

## LIEBE UND ZWEISAMKEIT

SECHSER wünschen sich in einer Liebesbeziehung innige Nähe und Geborgenheit. Nicht selten suchen sie auch hier nach Autorität, Anweisung und Führung. Sie lassen sich nur sehr langsam auf einen Partner ein, da sie erst einmal prüfen, ob der andere sich als treu und zuverlässig erweist. Und dafür fordern sie Beweise! Es fällt ihnen schwer, an die Liebe des anderen zu ihnen zu glauben. Skepsis und Zweifel sind sofort am Werk, wenn der andere nur zehn Minuten später als verabredet anruft. Dabei geht es nicht um Eifersucht, sondern um die Frage: »Kann ich dem anderen vertrauen? Bin ich gut genug, um geliebt zu werden?«

SECHSER legen Wert auf gemeinsam entwickelte Routinen, da diese ihnen Sicherheit und eine gewisse Vorhersehbarkeit geben. Sie können in Beziehungen sehr fürsorglich und hingebungsvoll unterstützend sein, sogar bis zur Selbstaufopferung. Denn auch hier spielt ihre Angst eine große Rolle: Angst vor dem Alleinsein, Angst davor, verlassen zu werden, aber auf der anderen Seite auch Angst vor zu großer Nähe und Intimität. Vor allem für viele phobische SECHSER gehört das Sexuelle in den Bereich der dunklen Gefühle; eine unberechenbare und unkontrollierbare Kraft. Eine Klientin: »Ich finde es erschreckend, wenn mir mein Verlangen bewusst wird.« Öffnet sich eine SECHS und sucht die Nähe des anderen, wünscht sie sich, dass ihr Partner sich gleichermaßen öffnet. Tut er das nicht, ist dies die schlimmste Verletzung für die SECHS.

SONG DER SECHS: »ANGST« VON HERBERT GRÖNEMEYER

## SECHSER IM BERUF

SECHSER arbeiten zuverlässig und präzise. Sie sind ihren Kollegen gegenüber fair und kooperativ und stehen loyal zu ihren Vorgesetzten. An Aufgaben gehen sie sorgfältig und planmäßig heran, ordnen sie nach Wichtigkeit, geben dem Ganzen Struktur und achten auf alle Details. Sie zeigen einen großen Einsatzwillen und bringen jedes Projekt zum Abschluss, denn Zuverlässigkeit hat bei ihnen einen enormen Stellenwert.

Die Krux dabei: Auch bei einem perfekt abgelieferten Ergebnis bleibt stets ein Rest an Zweifel. »Wenn die Dinge (zu) glatt laufen, überfällt SECHSER oft ein irreales Unbehagen bei der Vorstellung, sie hätten etwas übersehen«[14], schreibt Monika Gruhl. Obwohl sie ehrgeizig bis perfektionistisch sein können, halten sie ihr Tun meist für nicht erwähnenswert, da sie ja »nur die gewünschten Anforderungen« erfüllen.

SECHSER haben einen Hang zur Teamarbeit. Sie genießen das Gefühl von Solidarität und gegenseitiger Unterstützung. Auch am Arbeitsplatz haben zwischenmenschliche Beziehungen einen hohen Stellenwert. Akzeptiert und gemocht zu werden, kann für sie genauso wichtig sein wie die Arbeit selbst, da ihr Sicherheitsgefühl sehr stark davon abhängt.

SECHSER sind mit Leib und Seele Bürokraten und fühlen sich am sichersten, wenn sie sich an Bestimmungen, Regeln und Gesetze halten können. Sie lieben klare Rangordnungen und gesellschaftliche Normen. SECHSER überlassen gern anderen die Führung, stehen lieber in zweiter Reihe und sind eher keine Senkrechtstarter. Obwohl sie sich insgeheim darüber ärgern, dass ihnen der Mut für die »erste Reihe« fehlt, da sie um die Qualität ihres Arbeitseinsatzes wissen. Ein Klient dazu: »Oft denke ich: Mensch, das könntest du genauso gut, wenn nicht sogar besser! Aber dann fehlt mit letztendlich doch der Mut, es zu tun.«
Appelliert man an ihr Pflichtgefühl, können SECHSER pausenlos arbeiten. Sie geben alles, machen Überstunden und versuchen, für das Unternehmen unentbehrlich zu sein. Manchmal arbeiten sie bis zur Erschöpfung. Oft reagieren sie dann mit Gereiztheit oder Selbstmitleid. Aber sie hören trotzdem weder auf gut gemeinte Ratschläge noch machen sie Pausen. Sie wollen sich nicht nachsagen lassen, die Arbeit nicht zufriedenstellend erledigt zu haben. Alle erholsamen und vergnüglichen Aktivitäten werden auf später verschoben.
Autoritätspersonen sind ein wesentliches, wenn auch schwieriges Thema für Typ SECHS. Sie heben sie oft über Gebühr in den Himmel. Wird die SECHS dann vom Chef kritisiert, reagiert sie zunächst mit Unsicherheit und Selbstzweifel und fühlt sich hintergangen. Sofort wird die Kompe-

### EIN TYPISCHES SECHSER-LAND …

… ist Deutschland. Fleiß, Pflichtbewusstsein, Zuverlässigkeit und Pünktlichkeit sind deutsche Tugenden. Deutsche Wertarbeit wird weltweit geschätzt. Der preußische Drill scheint irgendwie noch in uns zu stecken. Dementsprechend sind wir leider auch als zugeknöpft und etwas humorlos bekannt. Auf den Straßen wird der Blickkontakt häufig vermieden. Es kann sogar sein, dass ein gewisser Argwohn und Distanziertheit spürbar werden.

### STRESS- UND RELAXPUNKT DER SECHSER

| Stresspunkt | Relaxpunkt |
|---|---|
| Wenn SECHSER unter Stress stehen, weichen sie zum Enneagramm-Typ DREI aus. Sie werden noch arbeitswütiger und wollen unter allen Umständen ihr Pflichtbewusstsein aufrechterhalten. Dies ist aber kaum noch zu schaffen, da die anstehenden Aufgaben und Anforderungen sie überwältigen – ihre Sorgen und Zweifel nehmen überhand. Um ihre Minderwertigkeitsgefühle und Ängste zu überspielen, können sie dann auch arrogant und herablassend wirken.<br><br>Wenn SECHSER den positiven Aspekt der DREI nutzen, sind sie optimistischer und pragmatischer und kommen besser in ein konstruktives Handeln. | Wenn SECHSER sich sicher und geborgen fühlen, gehen sie zum Typ NEUN weiter. Sie beginnen, mehr aus dem Bauch heraus zu handeln. Indem sie auf ihre Sinneseindrücke achten, verstärkt sich ihr Körperbewusstsein, was sich positiv auf ihre Denkprozesse auswirkt. Sie gewinnen Vertrauen, werden lockerer, gelassener und können genussvoller leben.<br><br>Wenn SECHSER den negativen Aspekt der NEUN annehmen, werden sie antriebslos und kommen vor lauter Angst gar nicht mehr ins Handeln. Sie betäuben sich mit Fernsehen, Lesen, Essen oder Schlafen, um nicht ständig zu grübeln. |

tenz der Führungsperson infrage gestellt und begonnen, Negatives, was man bis dato aus Loyalität zurückgehalten hat, doch preiszugeben. SECHSER ergreifen häufig Berufe, in denen man starke Nerven braucht, zum Beispiel Ambulanzfahrer oder Krankenschwester in der Notaufnahme. Auch findet man sie bei Polizei und Bundeswehr, in Lehrberufen, im mittleren Management oder in therapeutischen Berufen. Kontraphobische SECHSER findet man oft in gefährlichen Branchen, als Stuntman, Hubschrauberpilot oder Bergsteiger bei der Rettungswacht.

## WARUM SIND SECHSER, WIE SIE SIND?

Auch in der Kindheit einer SECHS kann es verschiedene Hintergründe dafür gegeben haben, warum sie die Strategie des Enneagramm-Typs SECHS wählte. Oft gab es in der Familie einen dominanten, schwierig einzuschätzenden Elternteil, der es dem Kind schwer machte. Nicht selten war dies der Vater; die Mutter war eher gutmütig und unselbstständig, von ihr hatte das Kind keine Unterstützung zu erwarten. Durch Strenge und das drohende Einfordern von Respekt wurde das Kind eine »funktionierende kleine Tochter« oder ein »perfekter kleiner Streber«, die oder der die Erwartungen des Vaters erfüllte. Es lernte früh zu gehorchen, anstatt selbst zu entscheiden. Oder das SECHSER-Kind hatte einen unberechenbaren Elternteil, der seine elterliche Macht häufig unkontrolliert ausübte, was bei dem Kind sehr große Angst auslöste. Natürlich kann es sich dabei auch um eine andere unvermögende Bezugsperson gehandelt haben, die nicht in der Lage war, dem Kind ein Gefühl von Wertschätzung, Beständigkeit und Sicherheit zu vermitteln.

*»WENN SIE ES SCHAFFEN, DIE GEDANKLICHE KONTROLLE UND DAS KINO IM KOPF VORÜBERGEHEND ABZUSCHALTEN, KÖNNEN SIE SICH ERDEN UND ENTSPANNEN.«*

*MONIKA GRUHL*

Das die ganze Kindheit beherrschende Grundgefühl der Angst ist die Ursache, warum SECHSER schon in frühen Jahren anfangen, ihrer Umwelt mit übertriebener Wachsamkeit und großem Misstrauen zu begegnen. Nicht selten berichten SECHSER von der »Angst vor Dunkelheit« oder der »Angst vorm schwarzen Mann«, die sie teilweise sogar bis ins Erwachsenenleben verfolgt. Eine Klientin beschrieb ihre Erfahrung so: »Meine Eltern waren beide schon sehr alt und ich, als die Älteste von drei Geschwistern, lebte meine ganze Jungend mit der Vorstellung und in der Angst, dass ich mich und meine jüngeren Geschwister durchbringen müsse, wenn meinen Eltern etwas passieren würde.«

Auch von körperlicher Gewalt in der Kindheit wird berichtet. In einigen Familien gab es ein Geheimnis, über das nie offen gesprochen wurde, aber das Kind spürte, dass etwas nicht in Ordnung war, dass es da etwas

Unausgesprochenes gab. Chronisches Misstrauen war die Folge.
Die Ursachen dafür, dass das Kind das Verhalten der SECHS wählt, können natürlich – wie bei allen Typen – vielschichtig sein. Bei einem völlig intakten Familienleben hören wir öfter von einer schwierigen Geburt des SECHSER-Kindes.
Wir hatten bereits von den zwei Ausprägungen der SECHS gesprochen: der phobischen und der kontraphobischen. Diese Unterteilung von Typ SECHS ist eine Besonderheit: Trotz der gleichen Grundangst, nicht genügend Sicherheit und Geborgenheit zu erhalten, zeigen sich zwei verschiedene Ausprägungen: Wenn sich das Kind für Rückzug und ängstliches Erstarren entschieden hat, spricht man von der phobischen SECHS. Hat es sich für Rebellion, für Angriff und Verteidigung entschieden, spricht man von der kontraphobischen SECHS. So unterschiedlich diese Verhaltensweisen auch sind, so basieren sie doch auf derselben psychischen Ursache: einer unverhältnismäßig großen Angst, die nicht unbedingt bewusst ist. Wird sie akut, reagieren beide Untertypen, der phobische und der kontraphobische, kopflos. Das vernünftige Denken setzt aus.
Bedingt durch das sehr unterschiedliche Erscheinungsbild ist Typ SECHS wahrscheinlich am schwierigsten zu erkennen. Zum Beispiel könnte man die kontraphobische SECHS durchaus auch für eine ACHT

### WAS SECHSERN GUTTUT

*Akzeptieren Sie Ihre Ängste. Sie dürfen da sein. Nehmen Sie sie an, doch lassen Sie sich nicht von ihnen tyrannisieren. Überprüfen Sie Ihre misstrauischen Gedanken immer öfter auf ihren Wahrheitsgehalt. Und schauen Sie, wo Sie mehr Vertrauen in andere investieren können. Wagen Sie zu sagen, was Sie denken. Und wagen Sie zu tun, was Sie sagen! Stehen Sie hundertprozentig zu sich selbst. Entwickeln Sie mehr Selbstvertrauen. Nur Mut!*

halten, die phobische für eine ZWEI. Dazu kommt, dass viele nicht so gern zu diesem Typus stehen. Uwe Böschemeyer sagt: »Die Erfahrung zeigt, dass viele Menschen dieses Typus sich nur ungern mit ihm identifizieren – trotz der mit ihm verbundenen Möglichkeiten. Warum? Ein Grund liegt zweifellos darin, dass die für ihn charakteristischen Werte – Pflichtbewusstsein, Treue, Zuverlässigkeit – in dieser Zeit als nicht besonders attraktiv gelten.«[15] Wie schade!

Warum haben SECHSER so viel Zweifel und Angst – was steckt dahinter? Das vielleicht größte Problem der SECHS ist, dass sie sich selbst nicht wichtig genug nimmt, sich ihrer selbst zu wenig bewusst ist und sich zu wenig vertraut. Dies entsteht aus einem Gefühl, irgendwie untauglich zu sein. Die (Selbst-)Zweifel mischen sich ständig in ihre Gedanken und Handlungen.

SECHSER zweifeln nicht nur an den Absichten anderer Menschen oder dem Leben an sich, sondern in erster Linie an ihrem eigenen Urteilsvermögen. Das ist auch der Grund, warum es SECHSERN so unglaublich schwerfällt, Entscheidungen zu treffen und ins Handeln zu kommen. Andere – so glauben sie – können das Leben viel leichter meistern und offensichtlich auch besser für sich sorgen.

Diese Form der Selbstbehinderung kennen viele, doch sie kommt besonders ausgeprägt beim Typ SECHS vor. Während beim Enneagramm-Typ EINS nur ein Kritiker im Kopf sitzt, sitzt bei SECH-

### SECHSER MIT FLÜGEL ZUR FÜNF ...

... können zu »Fürsprechern« werden. Systeme, Vorgaben, Regeln und Gruppen geben ihnen Sicherheit, Wissen verleiht ihnen Macht. In dieser Typkombination erlangen sie damit gute Voraussetzungen, um sich engagiert für andere einzusetzen. Negativ betrachtet können ihren Ambitionen allerdings oftmals zu starre Überzeugungen zugrunde liegen, wodurch sie unbeweglich und wenig experimentierfreudig werden.

SERN gleich eine ganze Aufsichtsbehörde. Jeder Gedanke wird innerlich diskutiert, kritisiert und abgewogen. In einem Seminar erzählte eine Teilnehmerin: »Eigentlich glaube ich, ein positiv denkender Mensch zu sein, aber trotzdem ist die Angst – vielleicht sogar die Angst vor der Angst – etwas, was mich mein ganzes Leben lang nicht loslässt, was mich nervös, zögerlich und unsicher macht. Es fällt mir unendlich schwer, mir einzugestehen, dass ich mir mal wieder selbst etwas vormache, wenn ich vermute, jemand will mir etwas Böses.«

Wer zu viel Angst hat, fühlt sich leicht angegriffen und neigt dazu, andere zu beschuldigen. SECHSER projizieren, das heißt, sie übertragen ihre Ängste und Befürchtungen unbewusst auf andere: Man schiebt es einfach jemand anderem in die Schuhe, damit man sich nicht an die eigene Nase fassen muss. Oft kommt es gerade dadurch zu selbsterfüllenden Prophezeiungen: Der andere wird irgendwann tatsächlich »unangenehm«.

SECHSER benutzen die Projektion, um Gefühle der Angst und des Misstrauens zu kompensieren. Auch hier macht sich der phobische Typ eher klein und der kontraphobische bläht sich auf, was dem Typ SECHS diese gewisse Bandbreite gibt, die ihn schwer einordbar macht. Ich selbst habe eine kontraphobische SECHS mit SIEBENER-Flügel zur Schwester und ich habe Jahre gebraucht, bis ich ihren Enneagramm-Typ erstmals wirklich erkannt habe.

### SECHSER MIT FLÜGEL ZUR SIEBEN …

… können zum »guten Kumpel« werden. Sie sind gern unter Menschen, die ihnen Zuspruch geben, bleiben aber zurückhaltend und vorsichtig. Sie sind extrovertierter, lustiger und impulsiver, gehen leichter Freundschaften ein, ohne ihr Sicherheitsbedürfnis aus den Augen zu verlieren. Negativ betrachtet können sie leicht paranoid sein, da sie hin- und hergerissen sind zwischen verlockendem Neuem und bewährtem Alten.

## SPIRITUELLE ENTWICKLUNG

Auf ihrem spirituellen Weg werden sich SECHSER erst dann mit ihrer wahren Natur verbinden, wenn sie ihre von Angst bestimmten Denkmuster durchschauen. Dann werden sie erkennen, dass ihre adrenalingesteuerten Aktivitäten sie noch überdrehter werden lassen und dass ihr Tun dem Zweck dient, ihre Angst nicht fühlen zu müssen.

Sie müssen sich ihrer Angst vor Verrat und der Angst, ohne Hilfe und Führung zu sein, stellen. Im nächsten Schritt können sie erkennen, dass sie sich selbst vertrauen können, da sie eine eigene innere Kraft besitzen. Diese Kraft basiert jedoch auf Mut.

SECHSERN hilft die Erfahrung, dass Mut nicht die Abwesenheit oder Verleugnung von Angst ist. Mut ist die Fähigkeit, trotz der immer wieder aufkommenden Angst zu handeln. Mit der Zeit werden Furcht und Angst ihre Negativität verlieren, sie nicht mehr blockieren, sondern nur noch dazu dienen, aufmerksam und bedacht zu sein.

SECHSER werden Heilung erfahren, wenn ihr Verstand zur Ruhe kommt. Dann erst können sie sich in Vertrauen üben, um einen inneren Zustand des zuversichtlichen Glaubens zu erlangen. Anfangs wird dieser Glaube – an sich und andere – eher noch mittels Willenskraft erreicht. Später auf ihrem Heilungsweg ist er ein unmittelbares Wissen, das aus dem gelebten Vertrauen erwächst. Dieser Glaube hilft ihnen, gefestigt und geerdet zu sein, sodass sie das Gefühl des Getrenntseins aufgeben können. Auf ihrem Heilungsweg erlangen SECHSER die Gewissheit, ein Teil des Ganzen zu sein und vom Leben sicher gehalten zu werden.

## WAS STÖRT ANDERE AN DER SECHS?

SECHSER neigen dazu, andere für ihre eigene Angstvermeidung zu benutzen. Dazu ein Beispiel: In zwischenmenschlichen Beziehungen machen SECHSER ihr Gegenüber oft wichtiger und erfolgreicher, als es in Wirklichkeit ist. Dies tun sie, um geführt und beschützt zu werden. Aber irgendwann kommen ihnen ihre blühende Fantasie und ihr Misstrauen wieder in die Quere. Ihr gesunder Menschenverstand setzt aus: Plötzlich kippt das Ganze und sie fangen an, größte Zweifel an ihrem eigenen Urteilsvermögen zu hegen: »Ist der andere wirklich so toll? Und

ist er mir wirklich wohlgesonnen oder vielleicht doch nicht?« Die Zweifel werden zu festen Überzeugungen, was in dem Moment fast paranoid wirken kann. An dieser Stelle beginnt ein absurder Umdenkprozess: Die SECHS fühlt sich bevormundet und eingeengt und fängt an, um ihre Unabhängigkeit zu kämpfen. Der rapide emotionale Wechsel wirkt auf andere unberechenbar und launisch.
Auch ihre Tendenz, immer das Schlimmste zu befürchten, aus einer Mücke einen Elefanten zu machen und den Teufel an die Wand zu malen, ist für ihre Beziehungspartner oft schwer auszuhalten.

## WAS BEKOMMEN ANDERE VON DER SECHS?

Eine SECHS ist in guten wie in schlechten Zeiten ein treuer und zuverlässiger Freund. Sie ist der Kitt, der eine Gruppe, das Team oder die Familie zusammenhält. Sie übernimmt Verantwortung, ist teamdienlich und warmherzig. Durch ihr intuitives Gespür und ihre fast schon hellseherischen Fähigkeiten kann die SECHS anderen sowohl bei Problemen als auch bei Entscheidungen helfen. Durch ihren klaren Verstand und ihre quicklebendige Wachsamkeit findet sie das Körnchen Wahrheit in allem. Außerdem hat sie eine enorme Ausdauer. So hat sie bei der Suche nach Alternativen nicht nur einen Plan B, sondern auch noch einen Plan C und D in der Tasche. SECHSER sind »Meister der Prophylaxe«. Sie achten auf Stolpersteine und mögliche Gefahren, die andere nicht sehen: Mit ihnen an der Seite kann man sich beruhigt und abgesichert auf den Jakobsweg oder eine Weltreise begeben. Ich habe es erlebt!

## MEIN WUNSCH FÜR DIE SECHS

*Befreien Sie sich von negativen Gedanken, üben Sie, sich sorglos zu entscheiden, und warten Sie erst einmal ab. Sagen Sie sich: »Alles ist gut, ich bin stark, es wird nichts Schlimmes passieren!«*

VERMITTLER
PERFEKTIONIST
HELFER
DYNAMIKER
INDIVIDUALIST
BEOBACHTER
SKEPTIKER
OPTIMIST
KÄMPFER

# TYP SIEBEN

*DER LEBENSFROHE OPTIMIST,
DER PLANER, DER VISIONÄR,
DER ABENTEURER,
DER GENUSSMENSCH,
DER VIELSEITIGE, DER FUTURIST*

»LEBEN IST DAS, WAS PASSIERT, WÄHREND DU DAMIT BESCHÄFTIGT BIST, ANDERE PLÄNE ZU MACHEN.«

*JOHN LENNON*

## DER ERSTE EINDRUCK

Betritt eine SIEBEN den Raum, nimmt sie locker Kontakt mit den Anwesenden auf – ihre Augen strahlen. Viele SIEBENER haben ein verschmitztes bis verführerisches Lächeln und setzen es auch ganz bewusst ein. Sie haben etwas von Kindern; auch optisch sehen sie oft viel jünger aus, als sie sind. Gern wählen sie fröhliche Farben für ihre Garderobe. SIEBENER sind begnadete Entertainer, die gern unterhaltsame Geschichten, den neusten Klatsch oder witzige Anekdoten zum Besten geben und dadurch schnell zum Mittelpunkt einer Gesellschaft werden. Ihre fröhliche Ausgelassenheit und ihr schallendes Lachen sind ansteckend. Einmal in ihrem Element fällt es ihnen oftmals leicht, ist, auch mal andere zu Wort kommen zu lassen.

SIEBENER finden die meisten ihrer Mitmenschen sympathisch und lieben geselliges Beisammensein, sei es auf einer Party, beim Sport, bei

## WAS VERBIRGT SICH UNTER DER OBERFLÄCHE?

| | |
|---|---|
| **unbewusste Grundangst** | im Schmerz zu versinken |
| **spontanes Angstgefühl** | in ihren Möglichkeiten begrenzt zu werden |
| **Grundbedürfnis** | Spaß zu haben und das Leben zu genießen |
| **unbewusste Ego-Botschaft** | »Alles ist gut, wenn du bekommst, was du willst.« |
| **Abwehrmechanismus** | Rationalisierung |
| **Leidenschaft** | Unersättlichkeit, ausgelebt übers Pläneschmieden |
| **Extreme** | Leichtigkeit des Seins lebend – narzisstisch |
| **benötigte Stärke** | Nüchternheit und Mäßigung |
| **Überlebensstrategie** | Langeweile vermeiden und sich alle Türen offenhalten |
| **Sprachstil** | planend, visionär, witzige Sprüche, erzählend, schwatzhaft, fantasierend |
| **Spitznamen** | Hans Dampf in allen Gassen, Peter Pan |

Veranstaltungen, halt überall, wo etwas los ist. Sie begegnen allem mit großem Optimismus und Abenteuerlust. Wie kein anderer Typ lieben sie wahrlich das Leben und den Genuss. Sie ergreifen schöne Gelegenheiten beim Schopf, sind vielseitig interessiert, erfindungsreich und aufgeschlossen für alles Neue. SIEBENER sind charmante Gesprächspartner, tanzen gern auf vielen Hochzeiten gleichzeitig, halten sich Optionen offen und wirken auf andere schon mal etwas zerstreut oder wenig verbindlich. Aufregende Pläne zu schmieden ist ihr Lebenselixier. Zu ihnen passt ein wunderbarer Satz von Rita Mae Brown: »Führe mich nicht in Versuchung – ich finde den Weg schon selbst.«

### GROSSE SIEBENER-PERSÖNLICHKEITEN

Folgende Persönlichkeiten waren oder sind sehr wahrscheinlich **SIEBENER**: Mick Jagger, Wolfgang Amadeus Mozart, Cary Grant, Steven Spielberg, Goldie Hawn, Cameron Diaz, Werner Tiki Küstenmacher, Sarah Ferguson, Stefan Raab, Peter Ustinov, Jean-Paul Belmondo, George Clooney, Gunter Sachs, Osho, Peter Pan.

## DAS MITEINANDER

Die Beziehung zu ihrer Familie ist SIEBENERN sehr wichtig. Für sie setzen sie sich ein, überwinden Schwierigkeiten und lassen im Fall der Fälle alles stehen und liegen. Meist haben sie zu einem Elternteil oder Geschwisterkind eine besonders innige Bindung. Haben sie eigene Kinder, nehmen diese einen sehr hohen Stellenwert in ihrem Leben ein, was aber nicht heißt, dass SIEBENER in der Lage sind, sich mit deren schmerzhaften Erlebnissen auseinanderzusetzen. Sie sind mehr Kumpel als Eltern. Durch Ablenkungsmanöver und interessante Planungen versuchen sie, ihrem Kind unschöne Gefühle zu nehmen.

SIEBENER haben meist ein großes soziales Netzwerk. Sie sind weltoffen und lieben es, Menschen miteinander in Verbindung zu bringen. Sie haben viele Bekannte, aber meist nur einen oder zwei Menschen, die sie als wahre Freunde bezeichnen und denen sie sich wirklich zeigen und öffnen. Normalerweise ziehen sie liebenswürdigen Smalltalk tiefer gehenden Gesprächen vor, laufen so allerdings Gefahr, unverbindlich und oberflächlich zu bleiben. Mit der Fähigkeit, ihre Aufmerksamkeit rasend schnell von einem Gedanken zum nächsten zu verlagern, kommen sie gern »vom Hölzchen aufs Stöckchen«. SIEBENER sind Weltmeister darin, eine alltägliche, banale Geschichte so auszuschmücken, dass eine umwerfende Story daraus wird, auch wenn sie es dabei mit der Wahrheit, ähnlich wie Typ DREI, nicht immer allzu genau nehmen.

Sowohl im Job als auch im Privatleben kann es vorkommen, dass

SIEBENER auch mal von Dingen reden, von denen sie wenig bis nichts verstehen. Ein Klient meinte schmunzelnd: »Manchmal denke ich: Wenn jetzt einer dabei ist, der wirklich Ahnung hat, der nimmt mich in zwei Sätzen auseinander!« Haben Sie mal das Gefühl, einem charmanten Scharlatan aufzusitzen, sind Sie vermutlich einer SIEBEN begegnet. Für ihre lustigen Erzählungen, ihre interessanten Ideen und Projekte und ihre Pläne erwarten SIEBENER von anderen Beifall. Den brauchen sie wie die Motten das Licht. In der Auswahl ihres Umfeldes sind sie immer daran interessiert, welchen Spaßfaktor andere in ihr Leben bringen könnten. Karen Webb dazu: »Auch wenn sie mit ihren Freunden Spaß haben, ihr Interesse ist letztlich doch immer bei ihren eigenen Bedürfnissen und Vergnügungen.«[16] SIEBENER sind selbstbezogen und werden oft als der narzisstischste Enneagramm-Typ bezeichnet.

TYP SIEBEN: KOPF-INTELLIGENZ-ZENTRUM

Das Wohnumfeld einer SIEBEN ist – je nach Familienstand – entweder spartanisch und einfach, da sie sowieso selten zu Hause ist, oder sie gestaltet ihr Zuhause mit gemütlichen Annehmlichkeiten und vor allem einer großen bequemen Couch, von der aus Fernbedienung, Handy, Laptop, iPad und Leckereien leicht zu erreichen sind.

SIEBENER sind empfänglich für sogenannte weiche Drogen wie elektronische Spielereien oder auch kostspielige Fitness- oder Sportgeräte. Sie sind affin für alles, was die heutige Entertainwelt so hergibt – Spaß

## DIE GABE DER SIEBEN

*Wir dürfen uns bei Typ SIEBEN bedanken, denn SIEBENER besitzen die große Gabe, positive Visionen, Fröhlichkeit und Leichtigkeit in die Welt zu bringen.*

### TYPISCHE GEDANKEN EINER SIEBEN

»Vorfreude ist die beste Freude.«

»Nach mir die Sintflut!«

»Mehr ist besser – und noch mehr ist noch besser!«

»Man muss die Feste feiern, wie sie fallen.«

Gedanken über Mitmenschen: »Andere sind oft trübsinnig.«

auf Knopfdruck! Wenn SIEBENER mal zu Hause sind, verbringen sie ihre Zeit oftmals damit, zeitgleich Fernsehen zu gucken, im Internet zu surfen, zu streamen und auch noch mit Freunden ihres großen Bekanntenkreises zu telefonieren. Sie wollen einfach nichts verpassen!

SIEBENER geben gern und häufig Partys. Hier wird ordentlich getanzt und gefeiert! Carpe diem! Das Ganze hat dabei nicht selten das Format einer Großveranstaltung. Zu essen und zu trinken gibt es vielfältig und reichlich. Und sollte es einmal tatsächlich doch nicht ausreichen, hat die SIEBEN mit Sicherheit einen guten Draht zum nächsten Getränkegroßhändler und zum Pizzabäcker um die Ecke, die das Gewünschte in Nullkommanichts liefern und nicht selten als ebenso willkommene Gäste gleich dableiben.

## LIEBE UND ZWEISAMKEIT

Weil die SIEBEN davon ausgeht, dass die Welt jemanden wie sie einfach lieben muss, fällt es ihr schwer zu glauben, dass ein Mensch allein genug für sie ist. Dank ihrer charismatischen Ausstrahlung fällt es ihr leicht, andere für sich zu begeistern. Aufgrund ihrer Überzeugung, dass um die nächste Ecke sicher noch etwas Besseres auf sie wartet, fliegt sie wie ein Schmetterling von Blüte zu Blüte, genießt den Augenblick und ist ebenso schnell wieder auf und davon.

SIEBENER verlieben sich schnell und intensiv und möchten den Partner mit Haut und Haaren ganz für sich haben. In dieser Phase können sie extrem eifersüchtig sein. In der Mitte der Beziehung genießen sie gemeinsame Aktivitäten und schwelgen in Zukunftsplänen. Doch schon nach einer kurzen, sehr intensiven Zeit kann es passieren, dass der Partner langweilig wird. Vorsorglich beginnt Typ SIEBEN, schon mal nach Alternativen Ausschau zu halten. Margaret Frings Keyes beschreibt es so: »Eine Vielzahl von Interessen garantiert, dass weder ein Gegenstand noch ein Mensch je eine solche Bedeutung erlangt, dass sein Verlust sich verheerend auswirken könnte.«[17]

Ein Klient untermauerte dies: »Wenn ich merke, dass es entweder langweilig, kompliziert oder gefühlsmäßig zu intensiv wird, ziehe ich mich ziemlich schnell aus der Beziehung zurück und suche nach Abwechslung. Manchmal ist der Rausch der Verliebtheit einfach vorbei und ich haue ab. Oder ich bin mir nicht sicher, ob ich diese Beziehung überhaupt will, und tauche im Leben des anderen sporadisch immer wieder auf. Schwierig wird es immer dann, wenn ich feststelle, dass ich aus meiner Sicht zu tief in eine Beziehung hineinrutsche. Zu viel Nähe macht mir Angst! Dann schlage ich verbal um mich und kann sehr verletzend sein. Gerade die, die ich wirklich liebe, verletze ich oft am stärksten.«

SONG DER SIEBEN: »ALWAYS LOOK ON THE BRIGHT SIDE OF LIFE« AUS »MONTY PYTHON«

Es gehört zu den negativen Eigenschaften von Typ SIEBEN, sich zu nehmen, was er will. Sowohl weibliche als auch männliche SIEBENER können dann sehr verführerisch und manipulativ sein.

In meiner Praxis sind mir sehr wohl SIEBENER begegnet, die in langjährigen, monogamen Beziehungen leben. Sie müssen dann mit dem Gefühl der Einschränkung klarkommen und der Partner muss sich mit der Tatsache arrangieren, dass die SIEBEN aufgrund ihrer vielseitigen Interessen nicht immer zur Verfügung steht. Oft hört sie: »Du bist nie da, wenn man dich mal braucht!«

Man sollte sich von der Aura der Unabhängigkeit nicht täuschen lassen: Auch SIEBENER, die weder für enge Bindungen noch für dauerhafte Partnerschaften bekannt sind, sind unbewusst auf der Suche nach einer tiefen Beziehung, in der sie gerade in ihren dunklen Stunden Halt und Sicherheit finden. Ein Partner, der sie auf den Boden zurückholt, ihnen

Einhalt gebietet und auch mal Grenzen setzt, ist für SIEBENER sehr heilsam. In solch einer Beziehung können sie erfahren, dass weniger mehr sein kann, und sie werden in der Lage sein, ihre Partnerschaft tatsächlich zu vertiefen und … zu bleiben.

## SIEBENER IM BERUF

SIEBENER lieben Jobs, in denen sie Freiräume haben, flexibel vorgehen und kreativ denken können. Oftmals ergreifen sie Berufe, in denen sie viel unterwegs sind, wie in der Medienwelt als Fotograf, Regisseur oder Berichterstatter, oder sie jetten als Pilot oder Stewardess um die Welt. Da SIEBENER so gern denken, planen, Zusammenhänge sehen und blitzschnell kombinieren, sind ihnen knifflige Aufgaben willkommen. Brainstorming könnte eine SIEBENER-Erfindung sein. Routinearbeiten mit festen Regeln und bürokratischen Wegen sind ihnen hingegen ein Graus. Da dies mehr oder weniger in jedem Berufszweig vorkommt, müssen sie sich mit kleinen Auszeiten und Belohnungen bei Laune halten. Meist arbeiten SIEBENER an mehreren Projekten gleichzeitig; das erhöht ihre Leistungsfähigkeit und den zwanghaften Glauben an ihre Genialität. Ihre Vielseitigkeit, ihre hohe Energie und ihr Bedürfnis nach Flexibilität machen sie nicht selten zu erfolgreichen Unternehmern, deren feste Überzeugung ist, dass Begeisterung gepaart mit Optimismus die wesentlichen Triebfedern einer Organisation sind.

### EIN TYPISCHES SIEBENER-LAND …

… ist Brasilien. In Rio de Janeiro findet das ausgelassenste Fest der Welt statt: der Karneval! Trotz größter Gegensätze zwischen Arm und Reich wird gut gelaunt gefeiert und zu mitreißender Musik Tag und Nacht getanzt, getrunken und gegessen. An der Copacabana, die zwischen dem herrlichen Atlantik und ärmlichen Favelas liegt, wendet man sich lieber der leichten Seite des Lebens zu, Armut und Gewalt werden ausgeblendet.

## STRESS- UND RELAXPUNKT DER SIEBEN

| Stresspunkt | Relaxpunkt |
|---|---|
| Wenn SIEBENER unter Stress stehen, weichen sie zum Enneagramm-Typ EINS aus. Dann fangen sie an, sich verbissen in die Arbeit zu stürzen, was eigentlich nicht ihr Ding ist. Bleiben Spaß und Humor auf der Strecke, reagieren sie gereizt, werden pedantisch und zynisch und drücken ihre Unzufriedenheit aus, indem sie anderen gegenüber ungehalten und kritisch sind. | Wenn SIEBENER sich sicher und geborgen fühlen, gehen sie zum Enneagramm-Typ FÜNF weiter. Dies hat zur Folge, dass sie sich intuitiv von allem zurückziehen und zur Ruhe kommen. Dann sind sie in der Lage, ihren Plänen Struktur zu geben und ihre Dinge zu einem guten Ende zu bringen. Sie beginnen, negative Erfahrungen zu akzeptieren, und weichen nicht mehr so oft aus. |
| Wenn SIEBENER den positiven Aspekt von Typ EINS nutzen, bringen sie mehr Struktur in ihre Gedanken, Arbeitsweisen und Pläne und werden insgesamt verbindlicher. | Wenn SIEBENER den negativen Aspekt von Typ FÜNF annehmen, werden sie egoistischer und übernehmen noch weniger Verantwortung für andere. |

Ihre Art zu führen lässt den Mitarbeiten sehr viel Freiheit. Typisch für ihren Führungsstil ist, dass sie Macht dezentralisieren und dadurch nicht selten ein gewisses Chaos herrscht. SIEBENER lieben bei Projekten die interessante Anfangs- und Planungsphase, weniger den Part, wo es um das Umsetzen und Abarbeiten geht. Da das Projekt in ihrem Kopf bereits fertig ist, sind sie bei der Umsetzung schnell unkonzentriert und gelangweilt. Dies ist ein Punkt, an dem man Typ DREI und Typ SIEBEN gut auseinanderhalten kann: DREIER bringen ihre Projekte tatkräftig zu Ende – SIEBENER sind gedanklich schon beim nächsten. Daher ist es für sie in Führungspositionen besser, die Arbeit sofort zu delegieren, wenn der Plan steht. Denn sonst kann es passieren, dass ihre hochtrabenden Pläne im Sande verlaufen. Als Angestellte überlassen SIEBENER die Führung bereitwillig anderen, weil sie sich nicht gern mit unangenehmen Entscheidungen und Verantwortung belasten. Mit Autoritäten gehen sie meist locker um, da sie nichts von Hierarchien halten. Ihr unbeschwerter Humor und ihre Begeisterungsfähigkeit öffnen ihnen oftmals die Tore und machen sie zu beliebten Kollegen.

## WARUM SIND SIEBENER, WIE SIE SIND?

Von Menschen mit Typ SIEBEN wurde mir häufig berichtet, dass sie eine glückliche Kindheit hatten. SIEBENER-Babys strahlten ihre Eltern schon aus dem Kinderbettchen mit großen Augen lachend an. Auch als sie älter wurden und den einen oder anderen Unsinn verzapften, konnte man ihnen aufgrund ihres jugendlichen Charmes und ihres gewinnenden Wesens nie lange böse sein.

In der Schule sind SIEBENER bei ihren Mitschülern oft beliebt, weil sie durch ihre lockere Art stets für gute Stimmung sorgen und aufgrund eines guten Selbstbewusstseins wenig Berührungsängste mit Autoritätspersonen haben. Bei Streitigkeiten innerhalb der Gruppe sind es oft die SIEBENER, die den richtigen Ton finden und dem Streit mit ihrer flapsigen Art die Spitze nehmen. Scherereien zu machen ist nicht ihr Ding. Doch auch bei ihnen ist natürlich nicht alles eitel Sonnenschein – im

### WAS SIEBENERN GUTTUT

*Suchen Sie Zufriedenheit und Glück in sich selbst, anstatt immer nur im Außen. Haben Sie keine Angst, zu kurz zu kommen. Bedenken Sie: Wenn Sie hinter allem herjagen, laufen Sie vor dem Wesentlichen davon. Bringen Sie Projekte zu Ende. Nehmen Sie sich Zeit für tiefgründige Gedanken, Gespräche und echte Freundschaften und achten Sie mehr auf die Bedürfnisse anderer.*

Gegenteil: Eher scheint es, als würden sie ständig vor etwas davonlaufen, auch vor sich selbst. In Therapiegesprächen berichten SIEBENER zuweilen von traurigen bis traumatischen Erlebnissen, wie zum Beispiel dem Verlassenwerden durch den Tod eines geliebten Menschen, durch die Trennung der Eltern oder den Mangel an Liebe und Anerkennung. Andere Klienten berichten von fehlenden erzieherischen Geboten und Grenzen oder von zu wenigen Identifizierungsmöglichkeiten. Je größer die Entbehrungen und Enttäuschungen in der Kindheit waren, desto mehr stürzte sich das SIEBENER-Kind in Ablenkungen und in Pläne für eine bessere Zukunft.

*»SOBALD MAN ANFÄNGT, ÜBER ERNSTE DINGE ZU REDEN, ÄNDERN SIE DAS GESPRÄCHSTHEMA UND SELBST WENN SIE WEINEN MÜSSEN, LACHEN SIE NOCH DURCH DIE TRÄNEN HINDURCH.«*[18]

*RICHARD ROHR UND ANDREAS EBERT*

Warum sind SIEBENER so rastlos, was steckt dahinter? Auf ihre Mitmenschen wirken sie wie die ewigen Optimisten. Es ist für andere schwer zu erkennen, dass SIEBENER von Angst getrieben sind, da sie – von ihrem Auftreten her – das ganze Gegenteil von ängstlich zu sein scheinen. Dennoch, hinter ihrer fröhlichen, optimistischen Fassade verbirgt sich nicht selten eine enorme Menge an Stress, Ruhelosigkeit und Anspannung.

Unbewusste SIEBENER versuchen, durch ihre Geschäftigkeit und ihr ständiges Pläneschmieden unangenehme Ereignisse und unerfreuliche Verlaufsmöglichkeiten auszublenden und zu negieren. Langeweile meiden sie wie der Teufel das Weihwasser. Negativen Realitäten entziehen sie sich. Pläne dienen als Mittel zur Flucht.

Je mehr SIEBENER unter Druck stehen, desto mehr erhöhen sie das Tempo ihrer Aktivitäten. Je größer die projizierte Angst bezüglich der Zukunft ist, desto mehr rast ihr Verstand. Genauso ziellos, unruhig und hektisch, wie SIEBENER dann in ihrem Inneren sind, jagen sie auch durchs Leben: Immer auf der Suche nach Glück und Befriedigung!

Unreflektierte SIEBENER führen ihr Leben nicht, sondern lassen sich von ihren Süchten treiben. Wer so lebt, ist weder in seinen Gefühlen noch in seinen Beziehungen richtig verwurzelt. Wer so lebt, dessen Leben ist nur eine Ansammlung von Bruchstücken. SIEBENER tun

### SIEBENER MIT FLÜGEL ZUR SECHS …

… können zu »Teamplayern« werden. Sie sind fleißig und produktiv und können ihre Arbeitswelt durch Visionen und Humor bereichern. Sie sind engagiert und ihr Teamgeist unterstützt sie, auch langatmige Projekte durchzustehen. Negativ betrachtet kann ein ausbleibendes positives Gruppenfeedback ihr Minderwertigkeitsgefühl fördern und sie hören dann plötzlich auf, sich zu engagieren.

alles Menschenmögliche, um unangenehme und schmerzliche Gefühle zu vermeiden. Hin- und hergerissen zwischen Überlegenheits- und Minderwertigkeitsgefühlen haben sie Angst vor jedem Schmerz, da sie glauben, ihm nicht gewachsen zu sein. Das Leben soll für sie möglichst fröhlich weitergehen, damit sie sich nicht mit ihren Ängsten auseinandersetzen müssen. Eine Klientin erklärte: »Wenn mir etwas Unangenehmes oder Trauriges passiert, kommen ungeahnte Ängste hoch. Sofort lenke ich mich mit etwas Positivem ab: Ich rufe all meine Freundinnen an und hoffe, dass eine von ihnen Lust hat, etwas mit mir zu unternehmen. Wenn keine Zeit hat, mach ich mich trotzdem chic und gehe allein aus. Ich fände es einfach schrecklich, zu Hause zu bleiben und mich mit meinen negativen Gefühlen auseinandersetzen zu müssen oder womöglich darin stecken zu bleiben – das würde mir furchtbar Angst machen!«
Die erste Reaktion einer SIEBEN ist immer der sofortige Rückzug aus der als unangenehm oder bedrohlich empfundenen Situation. Der Schmerz wird als unbedeutend abgetan und mit dem Verstand relativiert: »Damit halte ich mich jetzt nicht auf. Ich sehe das zu schwarz – es gibt immer eine Lösung! Ich hab's registriert und kümmere mich später drum.« Doch dieses Später kommt meist nicht.

Das Problem ist, dass SIEBENER es durch ihr ständiges Weglaufen nie schaffen, ihre negativen Gefühle vollständig zu verarbeiten oder aufzulösen. Es ist eine Binsenweisheit: »Was du loswerden willst, kommt zu

### SIEBENER MIT FLÜGEL ZUR ACHT ...

... können zu »Herausforderern« werden. Sie sind eroberungslustig und begeistern sich für alles Neue. Sie sind materialistischer eingestellt und haben in vielen Geschäften gleichzeitig ihre Hände im Spiel. Ihr Sinn für Humor ist nichts für zarte Gemüter und schießt schon mal über Ziel und Etikette hinaus. Negativ betrachtet kann uns hier ein egoistisch bis aggressiver Mensch begegnen, dem man besser nicht auf die Füße tritt.

dir zurück!« Je mehr sie davor flüchten, desto stärker wird die Intensität der negativen Emotionen, was selbst bei einer SIEBEN zu einer depressiven Phase bis hin zu einer pathologischen Angststörung führen kann.

## SPIRITUELLE ENTWICKLUNG

Um aufzuwachen, müssen SIEBENER meist sehr tief fallen. Nur so können sie sich allmählich eingestehen, dass sich hinter ihrem optimistischen Äußeren viel Traurigkeit und Schmerz verbirgt. Sie werden dann begreifen, dass ihr maßloser Drang nach Vergnügen und Zerstreuung nur eine Flucht vor ihrer tief liegenden Angst ist.
Die Angst vor dem Gefühl der Traurigkeit, dem Empfinden von Einsamkeit oder dem nicht verwundenen Schmerz über den Verlust geliebter Menschen. Auf ihrem Entwicklungsweg werden sie lernen, ihre Trauer anzunehmen und zu riskieren, das ganze Spektrum ihrer Gefühle zu erleben, auch die unangenehmen.
SIEBENER beginnen zu wachsen, wenn sie erkennen, dass ihre Aktivitäten und ihre Unrast ihnen weder echte Freude noch wirkliches Glück oder wahre Liebe bringen. Am Anfang ihres Heilungsprozesses müssen sie aufhören, in ihren Luftschlössern herumzuwandern und ständig Pläne für die Zukunft zu machen. Sie müssen in die Gegenwart kommen. SIEBENER brauchen viel Zeit und Geduld, um zur Ruhe zu kommen, um immer mehr im Hier und Jetzt zu leben. Wenn sie sich zurückzie-

hen und nach innen wenden, werden sie einen Zugang zu ihrer inneren Führung finden und ein maßvolleres und wirklich glückliches Leben beginnen können. Sie verstehen dann, dass Glück kein greifbares Ziel ist, es ist nicht planbar oder manipulierbar. Doch wenn SIEBENER innehalten und anfangen, dem Leben zu vertrauen, werden sie erkennen und spüren, dass Glück allein die Folge eines wertvoll und sinnhaft geführten Lebens ist.

## WAS STÖRT ANDERE AN DER SIEBEN?

Den häufigsten Anlass, sich über eine SIEBEN zu ärgern, bringen ihre Unbeständigkeit und ihre mangelnde Verlässlichkeit mit sich. SIEBENER können das Blaue vom Himmel herunter versprechen. Aber wie verbindlich ist es? Man macht zum Beispiel gemeinsame Pläne fürs Wochenende, freut sich darauf und kurz vorher wirft die SIEBEN alles über den Haufen. Dabei fühlt sie sich noch nicht einmal schuldig, geschweige denn irgendjemandem gegenüber verpflichtet. Von SIEBENERN eine verbindliche Zusage zu bekommen, ist wie der Versuch, Pudding an die Wand zu nageln! Obwohl SIEBENER auf den ersten Blick heiter und unkompliziert wirken, neigen einige von ihnen dazu, bei Meinungsverschiedenheiten und in Konflikten extrem impulsiv zu reagieren. Dann sprechen sie, bevor sie denken, und überschreiten zuweilen heftig die Grenzen des Gegenübers. Ihr Repertoire reicht in solchen Momenten von Ins-Lächerliche-Ziehen bis hin zur schlimmen Verletzung – SIEBENER besitzen teilweise wenig Feingefühl.

*»SIEBENER GEHEN AN DAS LEBEN MIT NEUGIER, OPTIMISMUS UND ABENTEUERLUST HERAN, WIE KINDER, DIE SICH MIT GROSSEN AUGEN IM SPIELZEUGGESCHÄFT UMSEHEN.«*[19]
*DON RICHARD RISO UND RUSS HUDSON*

Jemanden zu verletzen ist allerdings nicht ihre willentliche Absicht und oft erkennen SIEBENER nicht einmal, welchen Schmerz sie anderen zugefügt haben. Sie haben einfach keinen klaren Blick für andere Menschen, da sie zu sehr mit ihren eigenen Aktivitäten beschäftigt sind. Werden sie von dem Betroffenen dann konfrontiert, machen sie sich

entweder aus dem Staub oder versuchen schnellstmöglich, auf charmante Art und Weise wieder Schönwetter zu machen.
SIEBENER sind sehr von sich überzeugt und fühlen sich den meisten Menschen, vor allem denen, die problembeladen, arbeitswütig oder übermäßig ernst sind, überlegen. Dies bringen sie auch klar zum Ausdruck, indem sie versuchen, anderen ihre vermeintlich unbekümmerte Lebenseinstellung nahezubringen. Freunde und Beziehungspartner fühlen sich dadurch oftmals ausgeschlossen oder nicht ernst genommen.

## WAS BEKOMMEN ANDERE VON DER SIEBEN?

SIEBENER sind sympathisch und unbekümmert; sie sind Menschen des Frohsinns und können andere mit ihrer Fröhlichkeit und Leichtigkeit anstecken und mitreißen. Ihr lebensbejahendes Naturell, ihre unkomplizierte Art und ihre unermesslich große Freude am Leben wirken auf andere vitalisierend und entspannend zugleich.
SIEBENER besitzen die beneidenswerte Fähigkeit, sich auch mit ungünstigen Gegebenheiten und heiklen Situationen gut zu arrangieren; sie können selbst daraus noch etwas Positives machen, wovon auch ihr unmittelbares Umfeld profitiert. Sie sehen immer zuerst die machbare Seite von herausfordernden Aufgaben.
Da SIEBENER sich ihre Unbekümmertheit und ihr kindliches Staunen bewahrt haben, zeigen sie uns, dass die Welt ein riesiger Spielplatz und das Leben mit all seinen Möglichkeiten ein großes Geschenk sein kann, das es zu würdigen und zu genießen gilt.

## MEIN WUNSCH FÜR DIE SIEBEN

*Halten Sie inne, kommen Sie zur Ruhe und erkennen Sie den wahren Grund für Ihre dauernde Flucht. Versuchen Sie, diesen Zustand der Ruhe auszuhalten, und vertrauen Sie dem Leben.*

KÄMPFER
VERMITTLER
PERFEKTIONIST
HELFER
DYNAMIKER
INDIVIDUALIST
BEOBACHTER
SKEPTIKER
OPTIMIST

# TYP ACHT

*DER WILLENSSTARKE KÄMPFER,*
*DER VERANTWORTLICHE, DER BOSS,*
*DER HERAUSFORDERER,*
*DER MACHTMENSCH,*
*DER BESCHÜTZER,*
*DER SELBSTSICHERE*

# »ANGRIFF IST DIE BESTE VERTEIDIGUNG.«

*CARL VON CLAUSEWITZ*

## DER ERSTE EINDRUCK

Betritt eine ACHT den Raum, entgeht das niemandem. ACHTER sind sehr präsent und ihre Persönlichkeit füllt den ganzen Raum. Sie lieben bequeme, sportliche Kleidung, obwohl manche ACHTER ein paar Gramm zu viel auf den Hüften haben. Die anderen haben sich ein strenges Diätprogramm auferlegt, um dem Zeitgeist zu entsprechen oder um zu beweisen, dass sie die Kontrolle über ihren Körper haben.

ACHTER haben kein Problem, sich zu einer Gruppe von Fremden dazuzustellen. Anfangs hören sie dem Gespräch nur zu und konzentrieren sich mit Vorliebe auf die Schwachpunkte in der Argumentation. Bald geben sie dann ungefragt ihre Meinung zum Besten. Oftmals wird die Diskussion dadurch hitzig; nicht selten bricht Streit aus. ACHTER schätzen ein starkes Gegenüber und diskutieren gern kontrovers, lebhaft und laut. Wenn Sie sich in der Begegnung mit jemandem überrollt und fast ein bisschen eingeschüchtert fühlen, sind Sie sehr wahrscheinlich einer ACHT begegnet. Ihr ist es wichtig, stark und unverletzlich zu wirken, überlegen zu sein. Sie braucht das Gefühl, die Dinge im Griff und unter ihrer Kontrolle zu haben. ACHTER sind voller Energie und setzen diese ebenso dafür ein, andere zu beschützen. Sie sind gerechte und großherzige Anführer mit einem sozialen Verantwortungsgefühl.

| WAS VERBIRGT SICH UNTER DER OBERFLÄCHE? | |
|---|---|
| **unbewusste Grundangst** | Schwäche zu zeigen, von anderen beherrscht oder verletzt zu werden |
| **spontanes Angstgefühl** | die Kontrolle zu verlieren |
| **Grundbedürfnis** | sich zu schützen, selbst über sein Leben zu bestimmen |
| **unbewusste Ego-Botschaft** | »Du bist in Ordnung, wenn du stark bist und alles im Griff hast.« |
| **Abwehrmechanismus** | Ablehnung und Verleugnung |
| **Leidenschaft** | Wollust, pure Lebenslust, ausgelebt über Exzesse |
| **Extreme** | selbstbewusst – machtbesessen |
| **benötigte Stärke** | Unschuld, Vertrauen |
| **Überlebensstrategie** | Nur der Stärkere überlebt! |
| **Sprachstil** | direkt, unverblümt, klar auf den Punkt, laut, herausfordernd, befehlend |
| **Spitznamen** | Elefant im Porzellanladen, Mr. Bombastic |

## DAS MITEINANDER

ACHTER pflegen oft enge Familienbande. Sie sind sehr großzügig und setzen sich in jeder Hinsicht für die Belange aller Familienmitglieder ein. Gerade hier kommen ihre liebevollen Eigenschaften zum Vorschein. Vor allem bei kleinen Kindern und Älteren können sie ihre sanfte Seite zeigen. Ihren Kindern gegenüber pflegen sie einen eher antiautoritären Erziehungsstil mit viel Freiraum und ermutigen alle dazu, selbst stark und autark zu werden, Schwierigkeiten zu meistern und Verantwortung zu übernehmen. Auf der anderen Seite geben sie klar ihre Vorstellung von Gerechtigkeit weiter und erwarten, dass alle, selbst die Jüngsten, für ihre Belange einstehen und die Konsequenzen von Fehlern tragen.

### GROSSE ACHTER-PERSÖNLICHKEITEN

Folgende Persönlichkeiten waren oder sind sehr wahrscheinlich **ACHTER**: Jack Nicholson, Robert De Niro, Ludwig van Beethoven, John Wayne, Anthony Quinn, Richard Burton, George I. Gurdjieff, Sean Penn, Susan Sarandon, Martina Navrátilová, Winston Churchill, Fidel Castro, Josef Stalin, Pablo Picasso, Fritz Perls, Peer Steinbrück, Robin Hood.

Für Frauen ist es in unserer Gesellschaft nicht leicht, den typischen ACHTER-Charakter auszuleben, da er als eher unweiblich gilt. So versuchen sich manche in einer »typischen« Frauenrolle, was sie aber tief frustriert und unecht wirken lässt.

In zwischenmenschlichen Beziehungen zeigen ACHTER ihre sprichwörtliche harte Schale. Sie wirken auf andere oft besitzergreifend und Respekt einflößend. Ihren weichen Kern kennen nur diejenigen, zu denen sie Vertrauen gefasst haben und bei denen sie sich sehr sicher fühlen. Zu ihren verletzlichen Seiten hat die ACHT selbst wenig Kontakt. In dem Maße, in dem ihre Angriffslust zu stark ausgebildet ist, ist ihre weiche Seite zu schwach. Direkt bei der ersten Begegnung mit einer ACHT kann es sein, dass sie Streit anfängt. Andere denken dann: »Der Typ kann mich wohl nicht leiden?« oder »Spinnt die?«, aber in Wahrheit versucht die ACHT, mit uns in Kontakt zu kommen. Dr. Stephan Peeck beschreibt es so: »Im Streit, so meint sie, zeigt der andere sein wahres Gesicht, im Konflikt wird das Gegenüber erkennbar.«[20] Ein Klient bestätigte dies: »Ich muss die Schwächen meines Gegenübers rauskriegen, um gewappnet zu sein. Dann weiß ich, wo ich ihn notfalls packen kann. Dafür hab ich wahrlich einen siebten Sinn!«

ACHTER wundern sich, dass andere sich in solchen Fällen zurückziehen. Auch sie wollen gesehen und beachtet werden. Im Innersten sind auch sie sensibel und fragen sich, salopp gesagt: »Was hat der andere denn? Ich will doch nur spielen!« ACHTER sind oftmals einsame Wölfe.

Gereifte ACHTER haben ein Herz für Schutzbedürftige und Benachteiligte. Sie bieten ihre Unterstützung an und können liebevoll, fürsorglich, außerordentlich großzügig und Kraft verleihend sein. Sie gehen für Menschen, die sie lieben und die sie als ihre Schutzbefohlenen ansehen, durchs Feuer. Eine ACHT könnte man auch als den »Robin Hood des Enneagramms« bezeichnen. Ihr Gerechtigkeitsempfinden ist sehr stark ausgeprägt: »Freunde« werden beschützt, »Feinde« bekämpft. Es gibt für sie nur gut oder böse, richtig oder falsch, jemand ist »für mich« oder »gegen mich«. Dazwischen gibt es nichts. ACHTER sind gern auf Konfrontationskurs! Obwohl sie durchaus Frieden und Harmonie schätzen, fühlen sie sich besonders lebendig und voller Energie, wenn sie ihre konfrontative Kraft spüren. »Andere mögen an Konflikten ihre Kraft aufreiben, ACHTER fühlen sich dadurch belebt!«[21], heißt es bei Kathleen V. Hurley und Theodore E. Dobson.

TYP ACHT: BAUCH-INTELLIGENZ-ZENTRUM

Das Wohnumfeld einer ACHT ist praktisch, manchmal rustikal und auf seine Art gemütlich. Es kommt ihnen nicht darauf an, andere mit Designerstücken zu beeindrucken. Ihre Möbel dürfen aber trotzdem etwas kosten, da sie Wertarbeit schätzen und ihre Dinge gern für längere Zeit behalten. Wenn es Dekoration gibt, dann hat sie zugleich einen funktionellen Wert. Ähnlich wie Typ SIEBEN liebt auch die ACHT eine große Couch, denn sie braucht Platz um sich herum. Schnell entdeckt man, welche Hobbys sie liebt, zum Beispiel

## DIE GABE DER ACHT

*Wir dürfen uns bei Typ ACHT bedanken, denn ACHTER besitzen die große Gabe, anderen Schutz und Kraft zu geben und für Gerechtigkeit zu sorgen.*

### TYPISCHE GEDANKEN EINER ACHT

»Zu leben heißt, zu kämpfen und sich durchzusetzen.«
»Die Welt ist ungerecht. Ich muss stark sein, für Gerechtigkeit kämpfen und andere beschützen.«
»Wer nicht für mich ist, ist gegen mich!«
»Friedlich kommt der Friede nicht.«
Gedanken über ihre Mitmenschen: »Andere sind zu schwach – ich muss das in die Hand nehmen!«

anhand riesiger Berge von Büchern oder am Equipment für kultmäßig betriebenen Sport. Am Esstisch gibt es eine feste Sitzordnung.
Geben ACHTER eine Party, gibt es reichlich zu essen und zu trinken, gern etwas Herzhaftes. Sie sind großzügige Gastgeber, die selbst ausgelassen, oft sogar exzessiv feiern. Sie schätzen einen guten Tropfen und freuen sich, mit ihren Gästen – zwischen Schmaus und Tanz – konfrontative und lautstarke Diskussionen zu führen. Auf so einer Feier darf alles passieren! Eine ACHT nannte es einmal ihren »10 000-Kalorien-Abend«. Ein Fest ohne Ausschweifungen macht doch keinen Spaß!

## LIEBE UND ZWEISAMKEIT

Obwohl ACHTER gut allein sein können, schätzen und lieben sie einen lebendigen Austausch. Gern leben sie in Familie oder Partnerschaft, in der sie natürlich den Ton angeben. Auch hier legen ACHTER großen Wert darauf, ihre Autonomie zu wahren und die Kontrolle zu behalten. Obwohl sie aufmerksam, großzügig und romantisch sein können, verbinden sie allzu zärtliche Gefühlsduseleien mit Schwäche. Da sie so ziemlich alles, was sie tun, exzessiv betreiben, kann man sie als lustvoll bis lüstern bezeichnen, wobei sie den Sex eher sportlich sehen. ACHTER haben viel Energie und brauchen mehr Sex als andere. Manchmal benutzen sie den Sex, um überschüssige Energie abzubauen, was dazu führen kann, dass der Partner sie dabei als emotional unbeteiligt erlebt.

Hinter ihrer selbstbewussten Fassade und dem autoritären Gehabe verbergen sich oftmals Verletzlichkeit und sogar Einsamkeit. Besitz und Hingabe sind die zwei Seiten der ACHTER-Medaille: Gerade am Anfang einer Beziehung können sie sehr eifersüchtig sein, denn sie wollen den anderen mit Haut und Haaren besitzen. Helen Palmer schreibt: »Viel von ihrem scheinbar herrschsüchtigen Verhalten dient in Wirklichkeit dazu, sicherzustellen, dass niemand sie beherrscht.«[22] Sie haben Angst vor emotionaler Abhängigkeit und legen Wert auf ihre Führungsrolle. Die andere Seite, der Wunsch nach Hingabe, ist verbunden mit der Sehnsucht, sich einmal fallen zu lassen. Doch es ist für ACHTER nicht einfach, ihren Schutzpanzer abzulegen und sich dem Partner gegenüber auch schwach und klein zu zeigen. Da sie es gewohnt sind, vorzupreschen und sich zu nehmen, was ihnen ihrer Meinung nach zusteht, ist es für sie ein Lernprozess, zu erfahren, dass man Liebe nicht beherrschen, sondern nur empfangen kann. Haben sie ihre Ängste in einer stimmigen Beziehung verloren, können ACHTER sehr viel Halt, Wärme und Geborgenheit geben.

SONG DER ACHT: »BEAT IT« VON MICHAEL JACKSON

## ACHTER IM BERUF

Im Job sind ACHTER – ähnlich wie Typ DREI – oft in Führungspositionen zu finden. Sie wollen etwas bewirken und strengen sich an, um zu gewinnen und die Besten zu sein. Die unterschiedliche Motivation besteht darin, dass DREIER sich für den Erfolg und das gute Image anstrengen. ACHTER hingegen rackern sich ab, um es möglichst gut zu machen, um als Chef die Kontrolle und die Macht über alles zu haben oder eine Position einzunehmen, in der ihnen »niemand reinquatscht«. Daher findet man ACHTER sehr häufig in leitenden Stellungen, oder sie sind selbst Unternehmerin, Politiker, Rechtsanwältin, Gewerkschaftsführer, herausragende Berufssportlerin oder ranghoher Offizier. Arbeitet die ACHT als Angestellter, übernimmt sie auch hier schnell das Kommando. Rasch verschafft sie sich eine einflussreiche Position, in der sie Befugnisse hat. Herausforderungen und Schwierigkeiten geht

sie direkt an. ACHTER brauchen dabei wenig Lob, aber sie wollen für ihren Einsatz gesehen, respektiert und entsprechend entlohnt werden. Vorgesetzten gegenüber geben sie sich im wahrsten Sinne des Wortes »streitlustig«. Intuitiv testen sie die Kompetenz anderer und urteilen schnell, ob jemand stark oder schwach ist. Dazu eine Klientin: »Ich habe mich immer getraut, Vorgesetzte auf Fehler aufmerksam zu machen. Ich fühlte mich ihnen oft überlegen oder zumindest gleichwertig. Je nach Reaktion bekamen sie meinen Respekt oder auch nicht.« ACHTER akzeptieren Autoritäten nur, wenn diese beweisen, dass sie fair und stark sind. Und sie müssen die ACHT respektieren! Ansonsten wird sie provokativ und rüttelt schon mal am Thron des Chefs.
In führender Position fühlen ACHTER sich wohler. Dann stellen sie sich vor ihre Mitarbeiter und kassieren selbst die meisten Schläge.
Auf der anderen Seite kontrollieren sie ihre Leute und verlangen, über alles informiert zu werden. Ausflüchte, Ausreden und Heimlichkeiten machen sie wütend. ACHTER wollen Klärung: »Wer ist hierfür verantwortlich?«, »Kommen Sie auf den Punkt!« ACHTER wollen Mitarbeiter, die sich engagieren. Am besten kooperieren sie mit Menschen, die ihren Standpunkt vertreten können. Sie mögen es nicht, wenn andere ihren Job zögerlich angehen. Ihre Wut und ein klares Nein beenden jegliche Diskussion. Am liebsten sehen sich ACHTER als unangefochtenen Boss.

## EIN TYPISCHES ACHTER-LAND …

… ist Spanien, das Land der Eroberer. Spanische Männer gelten als sehr männlich und stolz. Stierkampf ist nichts für Weicheier. Moderne spanische Frauen sind selbstbewusst, aktiv, gesellig und redegewandt. Sie wissen genau, was sie wollen, entfalten sich frei und lassen sich nicht einengen. Familiäre Bande und das Zugehörigkeitsgefühl zu Freunden sind sehr stark. Feste werden voller Genuss gern exzessiv gefeiert. Der spanische Wahlspruch lautet: Plus ultra! Darüber hinaus!

## STRESS- UND RELAXPUNKT DER ACHTER

| Stresspunkt | Relaxpunkt |
|---|---|
| Wenn ACHTER unter Stress stehen, weichen sie zum Typ FÜNF aus. Dann ziehen sie sich zurück, haben noch weniger Kontakt zu ihren Gefühlen, verweigern Liebe und Gemeinschaft und suchen einen Schuldigen. Als einsamer Wolf hegen sie dann boshafte Rachegedanken.<br><br>Wenn ACHTER den positiven Aspekt der FÜNF nutzen, sind sie in der Lage, Menschen und Situationen objektiv zu betrachten. Sie sind weniger spontan und überlegen erst, bevor sie reden oder handeln. | Wenn ACHTER sich unabhängig und geborgen fühlen, gehen sie zum Typ ZWEI weiter. Hier kommt ihr weicher Kern zum Vorschein. Sie sind in der Lage, sich anderen gegenüber zu öffnen, und können eher Gefühle und Verletzlichkeit zeigen. Sie werden einfühlsamer, sanfter und warmherziger.<br><br>Wenn ACHTER den negativen Aspekt von Typ ZWEI annehmen, neigen sie dazu, sich in Abhängigkeiten zu begeben und deutlich zu viel von anderen zu erwarten. |

Häufig sind sie es, die bahnbrechende Ideen haben und den Umschwung eines Unternehmens anführen. Sie sind die dynamischen Führungskräfte, die effizient, furchtlos und zielorientiert arbeiten. Da ACHTER sich ungern unterordnen, entscheiden sie sich oft für die Selbstständigkeit. Sie scheuen kein Wagnis und haben oftmals große Pläne, vor denen andere eher zurückschrecken würden. Ohne ACHTER würden weniger große Dinge auf der Welt passieren.

## WARUM SIND ACHTER, WIE SIE SIND?

Menschen, die das Muster der ACHT pflegen, berichten häufig über einen dominant-strengen oder launenhaft-unberechenbaren Elternteil. Schlimmstenfalls waren sogar beide Elternteile so. Einige ACHTER bekamen von ihnen das Gefühl vermittelt, nur gemocht zu werden, wenn sie eine eigene Meinung vertraten, Stellung bezogen und sich stark zeigten. In den seltensten Fällen wurden sie beschützt. Erschienen sie ihren Eltern, meist dem Vater, schwach, verwundbar oder wehleidig, wurden sie abgelehnt, als »Waschlappen« oder »Schlappschwanz« verspottet oder im äußersten Fall sogar verachtet. Dazu ein Klient: »Mein Vater richtete mir im Keller so eine Art Fitnessraum ein und erwartete, dass ich meinen Körper hier – wie er sich ausdrückte – auf das harte Leben vorbereite.« Solche Anforderungen konnten militärischer Pflichterfüllung oder sogar quälenden Praktiken gleichen. Das Kind musste sich beugen – ein ungleicher, unfairer Kampf.

*»IN DER ACHT VERBIRGT SICH EIN ZARTES, LIEBES, VERÄNGSTIGTES KLEINES KIND, DAS EINE HARTE KRIEGERMASKE AUFSETZEN MUSSTE.«*[23]
*ELI JAXON-BEAR*

Es konnte aber auch sein, dass die Eltern sehr korrekt oder übertrieben freundlich waren und diese Überfürsorglichkeit auf das ACHTER-Kind erdrückend wirkte. Der Rebell in ihnen erwachte! Sie befreiten sich, indem sie genau das Gegenteil von dem taten, was von ihnen erwartet wurde. Eine ACHT drückte es einmal so aus: »Ich machte, was mir gesagt wurde, oder meine Interpretation davon. Weniger aus Rebellion, mehr aus dem Gefühl, meine Autonomie zu wahren.«

Eine andere Klientin beschrieb, dass ihre Mutter sich sehr unselbstständig und schwach zeigte, dem Leben nicht gewachsen war und sich oft von anderen unterbuttern ließ. Die Wut darüber machte die kleine ACHT zu ihrer Beschützerin – ein ungesunder Rollentausch!

Fast alle ACHTER gelangten früh zu der Überzeugung, dass Kleinsein, Schwachsein und zu große Nachgiebigkeit dazu führen, dass andere einem auf der Nase herumtanzen. Aus dieser schmerzhaften Erfahrung heraus entwickelten sie ihre typspezifische Überlebensstrategie: »Ich muss stark sein!« Die meisten ACHTER-Kinder mussten früh erwachsen werden. Nicht selten wurden sie angehalten, schon im Kindesalter Geld dazuzuverdienen. Schnell lernten sie, sich durchzusetzen, und verinnerlichten das Gefühl, dass das Leben ein einziger Kampf ist. ACHTER waren abenteuerlustige und selbstbewusste Kinder, die früh lernten, für sich einzutreten. Oftmals waren sie die Bandenführer, die andere Kinder zu Streichen und Mutproben anstifteten, oder sie waren der Außenseiter. Sie waren aufmüpfig, unverschämt und aufsässig und deshalb oft das schwarze Schaf der Familie, das auch mal von der Polizeistation abgeholt werden musste.

Warum müssen ACHTER Macht und Kontrolle besitzen – was wollen sie verbergen? Aufgrund ihrer in der Kindheit erlebten Enttäuschungen haben ACHTER sich die Strategie zu eigen gemacht, von anderen überhaupt nichts zu erwarten und die Dinge von vornherein selbst in die Hand zu nehmen. Sie leiden an einem tief greifenden Vertrauensmangel, der ihnen nicht unbedingt bewusst ist.

Da sie durch verschiedene Ereignisse den Eindruck gewonnen haben, dass man sie im Stich ließ, beschlossen sie, ihren Weg allein zu gehen, sich nur auf sich selbst zu verlassen und sich stark zu zeigen. So, wie sie als Kinder verletzt wurden, so zahlen sie es heute – wenn es denn sein muss – zurück und verletzen andere. So, wie sie schon früh lernten, ihre Verletzungen in Aggressionen umzuwandeln und so zu tun, als stünden sie über allem, so gnadenlos lassen sie andere heute am ausgestreckten Arm verhungern. Auseinandersetzung und Konfrontation sind ihnen so in Fleisch und Blut übergegangen, dass sie für sie eine selbstverständli-

## WAS ACHTERN GUTTUT

*Atmen Sie tief durch und zählen Sie bis zehn, bevor sie Ihrem Ärger Luft machen. Geben Sie hin und wieder zu, dass auch Sie unrecht haben könnten. Erkennen Sie, wie wertvoll es sein kann, von anderen zu lernen. Ihre Autonomie wird dadurch nicht beschädigt, im Gegenteil. Machen Sie sich klar: Auch Sie sind von anderen Menschen abhängig – allein deshalb sollten Sie versuchen, andere respektvoll zu behandeln. Tipp: Wählen Sie eine Sportart, die mit Rhythmus zu tun hat, nicht mit Vergleichen oder Gewinnen.*

### ACHTER MIT FLÜGEL ZUR SIEBEN …

… können zu »Unternehmern« werden. Sie haben immer »große Pläne«, sind sehr risikofreudig und besitzen eine ausgesprochene Ellbogenmentalität, da Typ und Flügel-Typ zu den aggressiven Typen im Enneagramm gehören. Optimistisch und kampfesfreudig setzen sie ihre Vorstellungen und Projekte durch. Sie sind gesellig, charismatisch und übertreiben auch mal gern. Negativ betrachtet hat, wer sich nicht zu wehren weiß, bei ihnen nichts zu lachen.

che Art der Kommunikation sind. Kompromisse erscheinen ihnen wie eine Kapitulation, Nachgiebigkeit ist für sie ein Zeichen von Schwäche. Bevor sie klein beigeben, tragen sie lieber die fatalen Konsequenzen einer Auseinandersetzung und verlieren sogar Freunde, Familie oder Partnerschaft. Hinter diesem aggressiven Auftreten verbirgt sich immer noch das verletzte und empfindsame Kind von damals. Den Mut, diese verletzliche Seite offen zu zeigen und zu leben, haben ACHTER nicht. Hier ist dieser sonst so mutige und starke Mensch feige und weicht dem Leben aus. Er bricht Brücken hinter sich ab, bevor es die anderen tun: Lieber wird er nicht gemocht als nochmals niedergemacht. Lieber trägt er die Bürde, andere verletzt zu haben, als selbst verletzt zu werden.
Mein lieber ACHTER-Freund Sebastian erzählte mir hierzu: »Ich hab mal die Hälfte meines damaligen Freundeskreises nicht zu meinem Geburtstag eingeladen, weil ich der Meinung war, dass sie zu der Zeit gegen mich beziehungsweise für jemand anderen waren.«
ACHTER werden von der Leidenschaft Wollust angetrieben. Dies muss nicht unbedingt sexuelle Lust bedeuten, obwohl diese bei Typ ACHT oft sehr stark ist. Man könnte diese Lust auch als »Überkonsumierung des Lebens« bezeichnen. Getrieben von einer Lebensgier schaufeln sie alles in sich hinein, was ihre Bedürfnisse befriedigen könnte. Das kann extremer Sport, zu reichhaltiges Essen, durchzechte Nächte beim Pokern,

## ACHTER MIT FLÜGEL ZUR NEUN ...

... können zu »Fürsorgern« werden. In ihrer Brust schlagen zwei Herzen: das des liebevollen Hüters und das des herausfordernden Kämpfers. Auch sie wollen die Kontrolle behalten und unabhängig sein, aber nicht um den Preis des Alleinseins. Sie zeigen eine gewisse Zurückhaltung und wenn sie einmal die Beherrschung verlieren, kommen sie schnell wieder runter. Je nach Situation ist es nicht so leicht zu erkennen, welche Natur gerade die Oberhand hat.

Power-Shopping oder zu viel Fernsehen sein. Alles wird exzessiv betrieben! ACHTERN fällt es schwer, irgendetwas maßvoll zu tun. Lieber verzichten sie auf die Tüte Chips, als sie nur halb zu essen.
Es scheint so, als wäre Typ ACHT ein besonders schwieriger Charakter. Tatsächlich kann es sein, dass die Kraft, die ACHTER ausstrahlen, auf andere erschreckend und einschüchternd wirkt. Dennoch ist dieser Typ dadurch weder schlechter noch besser, sondern einfach nur anders. Alle Enneagramm-Typen haben ihre ganz eigene Vermeidungsstrategie, ihre sogenannte Leidenschaft entwickelt, unter der sie im wahrsten Sinne des Wortes leiden und die sie in ihrem eigenen »Wahrnehmungsgefängnis« festhält. Wie auch immer der äußere Schein und das Verhalten sich darstellen mögen, unterm Strich sind alle Vermeidungsstrategien paradoxe Interventionen, die – wenn sie in einem übertriebenen Maße ausgeübt werden – die persönliche Entwicklung des jeweiligen Menschen eher behindern, anstatt sie zu unterstützen. Aus meiner persönlichen Erfahrung kann ich berichten, dass gerade in besonders schwierigen, belastenden, sorgenvollen und emotional traurigen Momenten die ACHT ein Fels in der Brandung ist. Genau wie Eli Jaxon-Bear habe ich erlebt, dass die ACHT in ihrem Herzen »eine Mutter« ist. Mein ACHTER-Vater hat sowohl meine Großmutter als auch meine an Parkinson und Demenz erkrankte Mutter aufopferungsvoll und liebevoll gepflegt. Dabei ging er,

selbst weit über achtzig, über seine eigene Belastbarkeit hinaus. Nichts war ihm zu viel. Er hatte seiner Frau versprochen: »Gestorben wird zu Hause!« Und das zog er bis zum bitteren Ende durch. An manchen Tagen wusste ich nicht, wer länger durchhält ...

## SPIRITUELLE ENTWICKLUNG

Auf ihrem spirituellen Weg müssen ACHTER die Reise zurück in ihre Kindheit antreten, denn hier verloren sie etwas Wesentliches. Um zu überleben, versteckten sie sich hinter einer Fassade aus Stärke und Dickhäutigkeit und verloren sowohl den Glauben an andere als auch den an ihr eigenes unschuldiges Wesen. Auf ihrem Weg müssen sie ihre Sturheit aufgeben, immer wieder innehalten und sich ihren Schwächen zuwenden. Sie müssen sich ihre Kindheitswunden anschauen, denn wirkliche Stärke bedeutet, sich Verletzungen einzugestehen.

Die größte Sehnsucht der ACHT ist die nach kindlicher Unschuld und echter Stärke. Je weiter ihre Entwicklung voranschreitet, umso mehr wird sie die Erfahrung machen, dass es in Ordnung ist, offen und weich zu sein. Wenn ihr klar wird, dass sie stark ist, wenn sie sich das nicht mehr beweisen muss, dann kann ihre Heilung beginnen. Sie beruht auf der Einsicht, dass sie nicht mehr wie ein Bulldozer durchs Leben walzen muss und dass sie selbst mehr unter ihrer Rücksichtslosigkeit, Radikalität und Kompromisslosigkeit leidet, als sie wahrhaben will.

In ihrem Heilungsprozess spüren ACHTER, dass auch sie eine tiefe Sehnsucht danach haben, geliebt statt respektiert zu werden. Sie werden wahrhaftig, wenn sie zulassen, dass sie selbst und andere ihre verletzliche, weiche Seite sehen. Dann werden sie erfahren, wie es ist, sich in Liebe, Milde und verlässlicher, dauerhafter Zuneigung zu entspannen.

## WAS STÖRT ANDERE AN DER ACHT?

ACHTER führen sich oft wie der Elefant im Porzellanladen auf. Ihnen ist nicht bewusst, dass sie andere unterbrechen, überfahren, ihnen ihre Meinung aufzwängen, Befehle erteilen oder sie ignorieren. Aufgrund ihres übersteigerten Selbstbewusstseins sind sie davon überzeugt, dass ihre Meinung die einzig richtige ist. Sensible und feinfühlige Menschen

fühlen sich von ACHTERN beleidigt, eingeschüchtert, in ihren Grenzen verletzt oder sogar bedroht. ACHTER gehen alle Diskussionen als Machtkämpfe an. Hierzu Helen Palmer: »ACHTER verteidigen ihr exzessives Verhalten durch Leugnung und Wut, oft mit Gegenanschuldigungen an Menschen, die ihnen etwas bedeuten. Ich bin nicht herrschsüchtig! Aber du! Ich mache keinen Ärger, sondern du!«[24]
Nicht selten sind sie sehr gute Rhetoriker und setzen ihr Gegenüber damit unter Druck, dass sie alles wortwörtlich wiedergeben können, was je jemand irgendwann gesagt hat. Dies erzeugt bei anderen ein Gefühl von Unterlegenheit bis hin zur Ohnmacht.

## WAS BEKOMMEN ANDERE VON DER ACHT?

ACHTER sind Lust und Spaß pur! Ein Leben mit ihnen ist vital, vielseitig und gesichert. Eine ACHT ist keine Mogelpackung. Bei ihr weiß man direkt, woran man ist, da sie unverblümt zur Sache kommt. Dazu Uwe Böschemeyer: »Eine ACHT hasst langatmige Diskussionen. Sie will auf den Punkt kommen. Sie theoretisiert nicht lang, sondern tut alles, um Worten Taten folgen zu lassen.«[25]
Für ihre Lieben, aber auch für Schwache, Kranke und ungerecht Behandelte sind ACHTER der Fels in der Brandung. Sie sorgen für Ordnung und Gerechtigkeit. Ohne Furcht vor Ablehnung machen sie sich wenig Gedanken über die Meinung anderer und trotzen jeglicher Form von Autorität. Sie haut so leicht nichts um. Sie sind entscheidungsfreudig, gehen Probleme selbstbewusst an und lassen sich nicht unterkriegen.

## MEIN WUNSCH FÜR DIE ACHT

*Beenden Sie den Krieg gegen andere und sich selbst. Vertrauen Sie dem stärksten Gefühl der Welt, der Liebe! Liebe ist stark, so wie Sie. Sie dürfen sie leben, ohne Ihre Eigenständigkeit aufzugeben.*

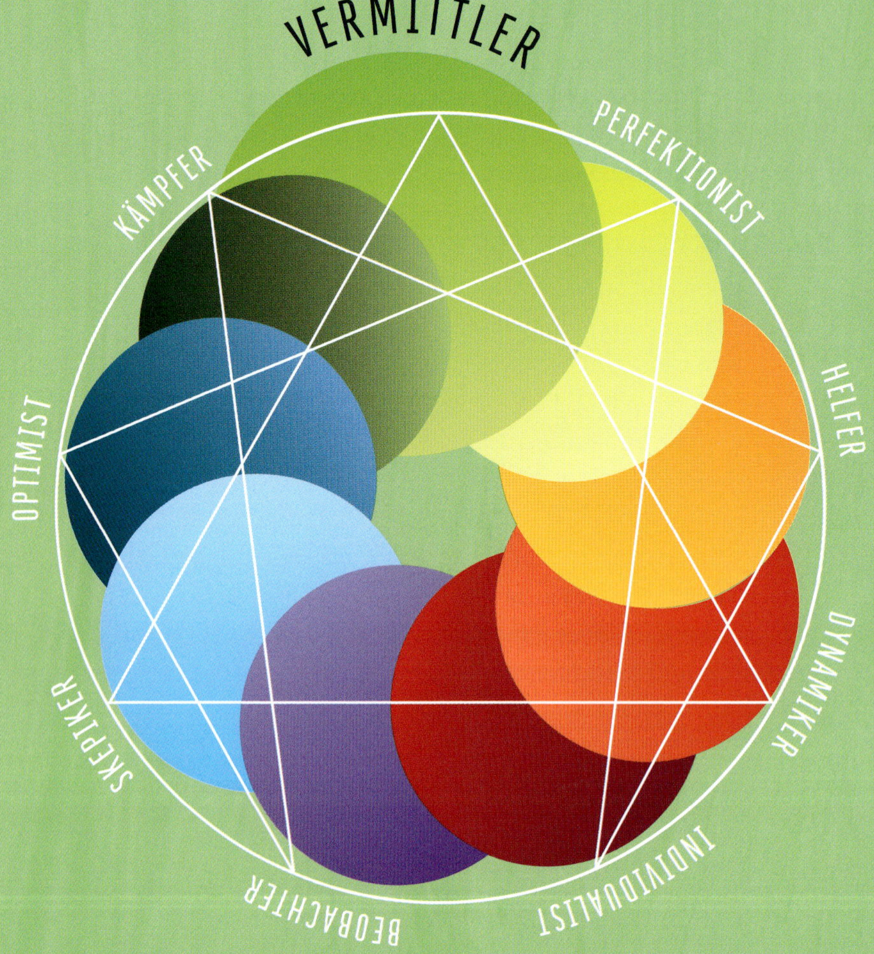
VERMITTLER
PERFEKTIONIST
HELFER
DYNAMIKER
INDIVIDUALIST
BEOBACHTER
SKEPTIKER
OPTIMIST
KÄMPFER

# TYP NEUN

*DER FRIEDVOLLE VERMITTLER,*
*DER LIEBENDE,*
*DER VERSTÄNDNISVOLLE,*
*DER MEDIATOR, DER DIPLOMAT,*
*DER BEWAHRER, DAS FAULE GENIE*

# »ES GIBT VIEL ZU TUN, WARTEN WIR'S AB.«

*MODIFIZIERTES SPRICHWORT*

## DER ERSTE EINDRUCK

Betritt eine NEUN den Raum, so nehmen die anderen Anwesenden sie nur kurz wahr, da sie lieber im Hintergrund bleibt und möglichst nicht auffallen will. Trotzdem fühlt es sich an, als ob die Temperatur im Raum ein wenig angenehmer wird. NEUNER sind Menschen, die – ähnlich wie FÜNFER – leicht übersehen und übergangen werden. Ihr meist eher ausdrucksloses Gesicht, ihre leise, monotone Stimme, ihre langsamen Gesten und ihre gesamte Körpersprache scheinen zu sagen: »Ich bin hier nicht so wichtig.«

In Gesprächen sind sie geduldige Zuhörer, die die verschiedenen Standpunkte der anderen gut nachvollziehen können. In einer angeregten Diskussion kommt es eher selten vor, dass sie spontan ihre eigene Meinung kundtun, schließlich müssten sie sich dann für eine Seite entscheiden. NEUNER sehen eher das Verbindende und können gut vermitteln. Treffen Sie auf jemanden, der unkompliziert und pflegeleicht ist und Ihnen das Gefühl gibt, quasi von Natur aus ein Freund zu sein, dann sind Sie sehr wahrscheinlich einer NEUN begegnet.

NEUNER fühlen sich dann am wohlsten, wenn ihre Umgebung harmonisch ist und alle um sie herum gut miteinander auskommen. Sie wirken wie ein ruhender Pol in der Hektik des Alltags. Sie sind tolerant, äußerst

| WAS VERBIRGT SICH UNTER DER OBERFLÄCHE? | |
|---|---|
| **unbewusste Grundangst** | vor Disharmonie und Konflikten |
| **spontanes Angstgefühl** | übersehen zu werden |
| **Grundbedürfnis** | die innere Stabilität und den Seelenfrieden zu bewahren |
| **unbewusste Ego-Botschaft** | »Du bist in Ordnung, wenn du für innere und äußere Harmonie sorgst.« |
| **Abwehrmechanismus** | Betäubung |
| **Leidenschaft** | Trägheit, ausgelebt über Bequemlichkeit |
| **Extreme** | gelassen – phlegmatisch |
| **benötigte Stärke** | Handlungswille, echte Liebe |
| **Überlebensstrategie** | Konflikten aus dem Wege gehen und abwarten |
| **Sprachstil** | sanft, monoton, ausholend oder sparsam |
| **Spitznamen** | König Salomo, Mr.& Mrs. Pflegeleicht, sturer Esel |

verständnisvoll und die geborenen Friedensstifter. NEUNER sind meist bescheiden, ausgeglichen, gelassen, unparteiisch und nicht selten ein bisschen realitätsignorant.

## DAS MITEINANDER

NEUNER genießen ein Familienleben in festen Bahnen und sind auch hier bestrebt, zu vermitteln und die Idylle zu bewahren. Sie sind der gutmütige Papa, der alles durchgehen lässt, oder die verständnisvolle Mama, die selbst den schrägsten Modetrend toleriert. Nicht selten idealisieren sie ihre Familienmitglieder und setzen zu wenig Grenzen. Geselliges Beisammensein auf Familienfeiern, möglichst von den anderen

## GROSSE NEUNER-PERSÖNLICHKEITEN

Folgende Persönlichkeiten waren oder sind sehr wahrscheinlich **NEUNER**: Walt Disney, Hans-Dietrich Genscher, Alfred Hitchcock, Ringo Starr, Abraham Lincoln, Kevin Costner, Carl Gustav Jung, Dalai Lama, Milton Erickson, Audrey Hepburn, Ingrid Bergman.

organisiert, fördert ihr Verbundenheitsgefühl. In zwischenmenschlichen Beziehungen besitzen NEUNER die Gabe, andere so sein zu lassen, wie sie sind. Sie gestehen jedem zu, das zu tun, was er will. NEUNERN sind zwei Dinge besonders wichtig: ihre Verbundenheit zu anderen Menschen und ihr Bedürfnis nach innerer und äußerer Ruhe und Harmonie. Oft negieren sie Probleme, meiden Ärger und Konflikte und stellen ihre persönliche Wichtigkeit in den Hintergrund. Jeder andere Enneagramm-Typ steckt viel Energie in die Erschaffung seines Egos, seines Selbstgefühls. Doch ein solches Identitätsgefühl fehlt NEUNERN regelrecht, da ihr Fokus immer auf die Beziehung zu anderen gerichtet ist. Sie können so sehr mit anderen verschmelzen, dass dies für sie selbst zu einem starken Energieverlust führt. Es scheint tatsächlich so, wie Claudio Naranjo sinngemäß sagt: NEUNER lieben andere mehr als sich selbst. NEUNER neigen dazu, die Charaktereigenschaften aller Typen widerzuspiegeln. Deshalb fällt es ihnen auch schwer, sich im Enneagramm zu finden. Ein separates ICH zu sein – ein Individuum, das Grenzen zu anderen setzen muss –, hat für NEUNER fast etwas Furchteinflößendes. Don Richard Riso sagt über sie, dass sie wie ein Fotalbum seien, in das die anderen ihre Bilder kleben.

Besonders in Krisen tendieren sie dazu, ihren eigenen Standpunkt zugunsten anderer aufzugeben. Da sie sich selbst und ihre Belange häufig hintanstellen, werden sie mit der Zeit oft lethargisch und deprimiert. Die ansonsten so pflegeleichte und unkomplizierte NEUN kann dann plötzlich dickköpfig werden, Dinge aussitzen und auf stur stellen. Ihre zynisch-passive Aggressivität wird von anderen oft eher wahrgenommen als von ihr selbst. Spricht man sie auf ihre unterdrückte Wut an, kriegt man nicht selten die Antwort: »Ich bin nicht wütend, aber ich werd es gleich, wenn du weiter so blöd fragst!« Da der NEUN Konflikte verhasst sind, sagt sie sich: »Da steh ich drüber!« Was so viel heißt wie: »Das sitze ich aus!« Die über Jahre angestaute Wut kann dann zu psychosomatischen Beschwerden führen wie Gelenkschmerzen oder Spannungskopfschmerzen.

Das Wohnumfeld einer NEUN ist in erster Linie gemütlich. Dazu gehört auf alle Fälle ein Platz, den sie zum Entspannen auserkoren hat. An diesem – ihrem Lieblingsplatz – kann sie stundenlang lesen, ihren Blick zum Fenster hinaus schweifen lassen oder über die Geschehnisse in der Welt nachdenken. Einen Tag lang ziellos dahinzuleben und einfach nur Zeit für sich selbst zu haben, ist ihr heilig.

TYP NEUN: BAUCH-INTELLIGENZ-ZENTRUM

Dennoch mögen NEUNER es, wenn der Partner, die Kinder oder der Hund um sie herum sind – wichtig ist nur, dass die Harmonie nicht gestört wird. NEUNER haben das Talent, um sich herum eine Atmosphäre von Ruhe und Frieden zu erzeugen, die auch allen anderen guttut.

Was eher selten passiert ist, dass NEUNER eine Party schmeißen – lieber lassen sie sich einladen. Doch gibt es tatsächlich etwas, das sie feiern möchten, dann sind sie sehr um das Wohlbefinden ihrer Gäste

## DIE GABE DER NEUN

*Wir dürfen uns bei Typ NEUN bedanken, denn NEUNER besitzen die große Gabe, Menschen vorurteilsfrei zu begegnen, jeden so zu nehmen, wie er ist, und entspannend auf andere einzuwirken.*

### TYPISCHE GEDANKEN EINER NEUN

»Der Klügere gibt nach.«
»Man sollte immer die Ruhe bewahren und den Dingen ihre Zeit geben, frei nach dem Motto: Abwarten und Tee trinken.«
»Jeder hat subjektiv gesehen recht.«
Gedanken über ihre Mitmenschen: »Die anderen sind viel wichtiger als ich.«

bemüht. Beim Buffet betreiben sie keinen großen Aufwand. Bedienen tut sich jeder selbst! Lieber kümmern sich NEUNER um das emotionale Gesamtgefüge und freuen sich, ähnlich wie Typ ZWEI, wenn Freunde und Bekannte vergnügt und gesellig in guten Kontakt kommen. Wenn dann noch jemand beim Abwasch hilft, ist das perfekt!

## LIEBE UND ZWEISAMKEIT

Gereifte NEUNER sind wunderbar ausgeglichene Menschen, gutmütig, bescheiden und tolerant. Auf eine ernsthafte Beziehung mit Verpflichtungen, wie zum Beispiel eine gemeinsame Wohnung, lassen sie sich nur sehr überlegt ein.
Auffällig ist, dass NEUNER sich häufig Partner aussuchen, die wesentlich lebendiger, aktiver oder auch aggressiver sind als sie selbst. Ein Klient drückte es einmal so aus: »Ich weiß, ich besitze wenig Eigeninitiative. Daher brauche ich jemanden, der Leben in die Beziehung bringt, der etwas erreichen will und mich mitzieht. Wenn ich ehrlich bin, brauche ich tatsächlich jemanden, der mir ab und zu mal in den Hintern tritt.« NEUNER mögen es zwar nicht, wenn man ihnen sagt, was sie tun sollen, aber man kann sie animieren, indem man selbst mit Ermutigung und aktivem Beispiel vorangeht. Sie selbst besitzen wenig Antrieb und müssen nicht unbedingt Karriere machen, aber sie unterstützen die Erfolgspläne ihres Partners und können sich neid- und konkurrenzlos über dessen Erfolge mitfreuen.

Das Leben an der Seite einer NEUN verläuft in sehr vorhersehbaren, von Gewohnheiten und Routinen geprägten Bahnen, was einen spontanen und lebhaften Partner schon mal zur Verzweiflung bringen kann. Aber als große Verdrängungskünstler ignorieren NEUNER störende Diskussionen. Konflikte werden gern durch stures Nichtkommunizieren übergangen. Um die Harmonie in der Partnerschaft nicht zu gefährden, hoffen NEUNER, durch Nichts-Sagen dem Nein-Sagen aus dem Weg gehen zu können. Die Sache aussitzen oder sich absetzen, das ist ihre Devise!

Auf der anderen Seite können sie bei Konflikten, die der Partner mit anderen hat und von denen sie selbst nicht betroffen sind, sehr gut zuhören. Aber Vorsicht! Nicht selten kann eine NEUN uns dann erklären, wie der andere sich fühlt – was man in dem Moment gar nicht wissen will! Eine klare Stellungnahme oder gar Parteinahme kommt von ihr selten.

SONG DER NEUN: »WHAT A WONDERFUL WORLD« VON LOUIS ARMSTRONG

Die Stärken der NEUN in der Partnerschaft sind Ausgeglichenheit und Zuverlässigkeit. Indem sie aufhören, Anpassung mit Liebe zu verwechseln, können gereifte NEUNER ein Zugehörigkeitsgefühl entwickeln, das nichts mit Abhängigkeit zu tun hat. Selbst wenn eine Ehe oder Beziehung zerbricht, kommt es nicht selten vor, dass sie noch über Jahre einen guten Kontakt zum Expartner beibehalten. NEUNER erhalten Freundschaften oft ein Leben lang.

## BERUF

NEUNER fühlen sich in Berufen wohl, in denen es klare Richtlinien und Strukturen gibt. Ähnlich wie SECHSER mögen sie systematisches Vorgehen, festgelegte Abläufe und ein sicheres Einkommen. Mehr als den anderen Typen ist es ihnen wichtig, dass auch am Arbeitsplatz eine angenehme und harmonische Atmosphäre herrscht und alle Kollegen gut miteinander auskommen.

Da NEUNER nicht gern im Rampenlicht stehen, macht es ihnen im Job nicht viel aus, die zweite Geige zu spielen. Begabungen werden verdrängt und nicht ausgelebt, da sie ihrer Meinung nach ansonsten zu sehr

im Vordergrund stehen würden. Außerdem würde dies bedeuten, dass sie ständig Entscheidungen zu treffen hätten, was ihnen zu anstrengend wäre. Obwohl viel in ihnen steckt, fehlt ihnen häufig die nötige Energie und vor allem der Ehrgeiz, sich berufliche Ziele zu setzen und zu verwirklichen. NEUNER erzählen oft, dass sie das, was sie beruflich tun, nicht unbedingt geplant hätten – es hätte sich einfach so ergeben.
Wenn im Job viel zu tun ist oder etwas Unvorhergesehenes dazwischenkommt, macht dies NEUNERN Druck. Sie fühlen sich schnell überfordert. Doch anstatt in Stress zu geraten oder einen Zahn zuzulegen, werden NEUNER … langsamer! Ein Klient meinte dazu: »Ich stelle immer wieder fest, dass ich sehr viel weniger anfällig für Stress bin als andere; wenn's richtig rundgeht, schalte ich einfach einen Gang runter.«
Steckt die Begeisterung anderer sie an, können NEUNER durchaus eine produktive Routine entwickeln, effektiv arbeiten und viel leisten. Ihre Stärken wie Ausdauer, Durchhaltevermögen und ihr diplomatisches Geschick werden von vielen ihrer Kollegen geschätzt. Diese Qualitäten machen sie zu beliebten Mitarbeitern.
NEUNER entscheiden sich gern für helfende Berufe wie Sozialarbeiterin, Mediator, Therapeutin oder Arzt. Oder für Berufe mit viel Routine, wie man sie bei Beamten findet.

### EIN TYPISCHES NEUNER-LAND …

… ist Mexiko. Mexikaner sind freundliche, aber eher zurückhaltende Menschen, die sich nur halb so viel aufregen wie Deutsche oder Italiener. Man hört sie sehr selten ein direktes Nein sagen. »Manana« heißt nicht einfach nur »morgen«, sondern kann alles Mögliche bedeuten von »niemals« bis »irgendwann«. Termine und Versprechungen werden oft nicht so genau genommen. Man kann auch getrost mal eine halbe Stunde später kommen. Wen wundert's, dass die Hängematte in Lateinamerika erfunden wurde?

## STRESS- UND RELAXPUNKT DER NEUNER

| Stresspunkt | Relaxpunkt |
| --- | --- |
| Wenn NEUNER unter Stress stehen, weichen sie zum Enneagramm-Typ SECHS aus, was zur Folge hat, dass ihr Vertrauen in sich und die Welt schwindet. Sorgen und Ängste nehmen überhand und sie machen sich noch kleiner, werden extrem unentschlossen und untätig. Skepsis und Selbstzweifel übermannen sie und lassen sie passiv bis richtiggehend apathisch werden.<br><br>Wenn NEUNER den positiven Aspekt von Typ SECHS nutzen, werden sie offener, nutzen die Kraft der Gemeinschaft, nehmen Unterstützung an und sehen mehr Möglichkeiten. | Wenn NEUNER sich unabhängig und geborgen fühlen, gehen sie zum Enneagramm-Typ DREI weiter. Sie überwinden die Tendenz zu Ablenkungsmanövern und Untätigkeit, haben ein Ziel vor Augen, nehmen die Zügel selbst in die Hand, werden entschlossener und beginnen, tatkräftig und pragmatisch zu handeln.<br><br>Wenn NEUNER allerdings den negativen Aspekt von Typ DREI annehmen, neigen sie dazu, sich zu viel zuzumuten, und übernehmen dabei viel mehr Aufgaben, als sie bewältigen können. |

## WARUM SIND NEUNER, WIE SIE SIND?

Aufgrund ihrer Erinnerungen können NEUNER oft von einer glücklichen, geborgenen Kindheit berichten. Nicht selten waren sie als Erstgeborene Mamis und Omis Liebling und wurden sehr verwöhnt. Um diesen Status nicht zu verlieren, unterdrückten sie entwicklungsbedingte, ganz normale Gefühle wie Wut und Zorn.

NEUNER wuchsen mit dem Gefühl auf, dass es nicht in Ordnung ist, eigene Bedürfnisse kundzutun, ihren Willen durchzusetzen und ihren Eltern auch mal Schwierigkeiten zu machen. Sie hatten Angst, dass jeder Ausbruch von Wut dazu führen könnte, von den Eltern nicht mehr geliebt zu werden. Infolgedessen gewöhnten sie sich an, ihre eigenen Gefühle und Bedürfnisse so sehr zu unterdrücken, dass sie diese irgendwann überhaupt nicht mehr wahrnahmen.

Alle Enneagramm-Typen haben eine bestimmte Lebensangst, die einer spezifischen Kindheitssituation entspringt und ihre kindliche Unbefangenheit beschädigt. Wie genau sich das in den ersten Lebensjahren jeweils dargestellt hat, kann ganz unterschiedlich sein. Auch bei Typ NEUN kann die Situation eine ganz andere gewesen sein. Eine NEUN erzählte zum Beispiel, dass sie als Kind in ihrer Familie oft überhört und übersehen wurde. Sie stand im Schatten ihres jüngeren Bruders, dem die Eltern viel mehr Freiheiten zugestanden: »Ich lief irgendwie so mit und war oft sehr eifersüchtig auf meinen kleinen Bruder, weil unsere Eltern ihn meiner Meinung nach vorzogen. Ich hab mir so sehr gewünscht, mal in den Arm genommen zu werden oder dass mein Vater mir mal sagt, wie lieb er mich hat. Aber irgendwie traute ich mich nicht, dies einzufordern.«

NEUNER haben aufgrund solcher und ähnlicher Erfahrungen ihre völlig gesunden eigenen Bedürfnisse bereits in sehr frühen Jahren aufgegeben und angefangen, sich selbst mit angenehmen Ablenkungen und bequemen Gewohnheiten als Liebesersatz zu trösten.

### WAS NEUNERN GUTTUT

*Stellen Sie Ihr Licht nicht unter den Scheffel. Es ist gut und richtig, wenn auch Sie einmal im Mittelpunkt der Aufmerksamkeit stehen. Versuchen Sie, einmal am Tag zu einer unwichtigen Sache Nein zu sagen. Investieren Sie Zeit und Energie in die Entfaltung Ihrer eigenen Persönlichkeit. Versuchen Sie herauszufinden, welche Gefühle Sie nicht wahrhaben wollen, wenn Sie zu viel fernsehen, essen oder am Computer sitzen. Sehen Sie Ihre Wut nicht als Feind an, sondern nutzen Sie dieses Gefühl als Antrieb zum Handeln.*

Warum sind NEUNER oftmals so antriebslos? Was steckt dahinter? Therapeutische Erfahrungen zeigen, dass Menschen, die in ihrem Leben sehr um Harmonie bemüht sind, oft mit sich selbst uneins werden. Wir alle sind unterschiedlich: in unseren Ansichten, unseren Interessen, unserer Lebenseinstellung, unserem Charakter und im Grad unserer Entwicklung. Und gerade deshalb ist es fast unmöglich, sich mit jedem Menschen gut zu verstehen.

NEUNER müssen erkennen, dass Leben in einem polar strukturierten Spannungsfeld stattfindet und dass Auseinandersetzungen in dieser Welt unvermeidbar sind. Tatsächlich sind auch NEUNER nicht konfliktfrei.

*»IN WAHRHEIT LIEGT ER STÄNDIG IM KONFLIKT, NÄMLICH MIT SICH SELBST!«*[26]
*UWE BÖSCHEMEYER ÜBER EINEN NEUNER*

Harmonie um jeden Preis bedeutet, sich zurückzunehmen, seine eigene Meinung nicht kundzutun, nicht aufzufallen, nicht gesehen zu werden. Das passiert NEUNERN aufgrund ihrer Harmoniebedürftigkeit ständig: Obwohl sie sich danach sehnen, auch einmal gesehen zu werden und gemeint zu sein, obwohl sie doch über dieses ständige Hintanstellen ihrer Person wütend werden müssten, schalten sie eher um auf Autopilot und driften ab. Ihre Wut wird passiv in Dickköpfigkeit und Untätigkeit ausgedrückt. Um zu vergessen und sich abzulenken, setzen sie sich stundenlang vor den Fernseher, gucken wahllos irgendwelche Sendungen oder auch zum zweiten Mal einen Film – einfach was gerade so kommt –, sie surfen im Internet, streamen, telefonieren stundenlang, treffen Leute oder daddeln endlos an der Spielkonsole.

Ihre Ablenkungsmanöver können auch so völlig simple Dinge wie Lesen, Essen oder Schlafen sein, eigentlich alles, was ihnen hilft, den schlimmen Schmerz des Übersehenwerdens, des Nicht-wichtig-Seins zu betäuben. Hier verfallen NEUNER allzu leicht ihrer Leidenschaft, und das ist die Trägheit.

Damit ist nicht unbedingt Faulheit gemeint, NEUNER können durchaus produktiv und sehr fleißig sein und auch hart arbeiten. Zugleich sind sie meist auf mindestens einem Gebiet wirklich träge, sei es, was den Ehrgeiz im Job angeht, sei es der Sport, sei es die Ordnung oder das Halten

### NEUNER MIT FLÜGEL ZUR ACHT …

… können zu »Vermittlern« werden. Sie sind besser in der Lage, unangenehme Entscheidungen zu treffen, sind direkter und haben einen großen Sinn für Gerechtigkeit. Sie sehen alle Seiten eines Konflikts und können durchsetzungsstark vermitteln. Sie kümmern sich mehr um ihre eigenen Bedürfnisse, sind gesellig und diplomatisch. Negativ betrachtet können die Sturheit der **NEUN** und die Flügel-Kraft der **ACHT** sie unerreichbar machen.

des Gewichts. Doch im ursprünglichen Sinne ist mit Trägheit eher der Unwille gemeint, sich mit sich selbst auseinanderzusetzen, also eine eher geistige Trägheit in Bezug auf persönliche Lebensfragen. NEUNER versuchen so, sich ihre Gefühle vom Hals zu halten. Kurz gesagt: Sie sind gern ein wenig phlegmatisch und sträuben sich gegen Veränderung. Daher lieben NEUNER Bequemlichkeit und alles Vertraute und können leicht in einem von Gewohnheiten und Wiederholungen geprägten Lebensstil stecken bleiben. »Wenn ich eine lieb gewonnene Routine ändern würde, so käme mir das vor, als müsste ich ein Stück von mir selbst aufgeben«, so eine NEUN. Man findet hier Leute, die seit 30 Jahren jeden Morgen das Gleiche zum Frühstück essen oder jeden Mittwoch ins Fitnessstudio gehen, auch wenn ein wunderschöner Sommertag zu Aktivitäten im Freien lockt.

Unbewusste NEUNER investieren ungern Energie in Selbsterfahrung. Sie haben eine regelrechte Abneigung dagegen, innere Vorgänge psychologisch zu verstehen. Therapie ist für sie eine Arbeit, bei der man sich zu sehr um sich selbst kümmert und die die Dinge in ihren Augen nur verkomplizieren würde. Tief in ihrem Inneren ist NEUNERN schon bewusst, dass sie es sind, die ihre Entwicklung in die Hand nehmen müssen. Doch hierfür sind Achtsamkeit, Einsicht und Energie vonnöten. Das größte Problem der NEUNER ist dabei nicht mal unbedingt ihre Trägheit, sondern der Mangel an einem Sinngefühl. Sie wissen nicht,

### NEUNER MIT FLÜGEL ZUR EINS ...

... können zu »Richtern« werden. Prinzipientreu vertreten sie Ideale oder Gesetze, um Einigung und Verbesserung zu erreichen. Sie lieben Strukturen, Regeln und Gebote, um die äußere Ordnung zu organisieren und ihre innere Welt zu festigen. Negativ betrachtet können sie etwas unbeweglich werden, da Dogma und Trägheit keine Flexibilität zulassen.

wozu das alles gut sein soll und was ihr Beitrag sein könnte. NEUNER sitzen am gedeckten Tisch des Lebens und langen nicht zu. Oft fehlen ihnen eine eigene Richtung und eine wirkliche Lebensaufgabe.

## SPIRITUELLE ENTWICKLUNG

Auf ihrem spirituellen Weg werden NEUNER erkennen, dass sie ihre angepasste soziale Rolle ablegen müssen und dass ihr zuvorkommendes, gefälliges Verhalten auf Dauer nicht gesund ist. NEUNER müssen gewahr werden, dass Leben polar ist, dass zur Freude auch Leid gehört, zur Liebe der Hass, zur Tugend die Schwäche und zur Harmonie auch der Streit. Alles auf dieser Welt ist untrennbar miteinander verbunden und immer gibt es zwei Seiten.

NEUNER dürfen feststellen, dass Harmonie um den Preis des Sich-immer-Zurücknehmens keine wahre Harmonie ist. Sie brauchen die Erfahrung, wie Don Richard Riso sagt, dass echter Friede mit Kraft und Lebendigkeit einhergeht. Dann fangen NEUNER an zu verstehen, dass auch Wut zwei Seiten hat: eine destruktive und eine heilende, verändernde Kraft. Zwischenmenschliche Beziehungen brauchen Aufrichtigkeit und Konflikte, um sich weiterzuentwickeln. Die Erkenntnis, dass Frieden mit sich selbst wichtiger ist als Harmonie im Außen, ist ein großer Schritt auf dem Weg einer NEUN. Wenn sie das erkennt, kann sie ihre tiefste Sehnsucht erfüllen: als eigenständige Person mit ihren Wünschen und Bedürfnissen wahrgenommen und geliebt zu werden.

## WAS STÖRT ANDERE AN DER NEUN?

Da NEUNERN Harmonie über alles geht, werden Probleme erst einmal unter den Teppich gekehrt, Konflikte werden nie richtig ausgetragen, Wut wird um des lieben Friedens willen unterdrückt und angestaut. Wesentlich später, für andere völlig unverständlich, kommt diese Wut dann meist über Nichtigkeiten und Bagatellen wie ein Vulkanausbruch zum Vorschein, was in dem Moment völlig unpassend und deplatziert erscheint und in der Situation nicht unbedingt förderlich für alles Weitere ist. Oftmals können die anderen den Zusammenhang zwischen Ursache und Wirkung überhaupt nicht mehr nachvollziehen.

Auch die Schwierigkeit von Typ NEUN, Entscheidungen zu treffen, ja allgemein ihre Initiativschwäche können andere schon mal ordentlich auf die Palme bringen. Eine Wahl zu treffen, fällt NEUNERN nicht leicht und sie tun sich oft schwer damit, zwischen Wichtigem und Unwichtigem zu unterscheiden. Sie haben Probleme mit ihrer Zeiteinteilung und verlieren sich oft in alltäglichen Dingen. Sie kommen vom Hundertsten ins Tausendste – und am Ende ist gar nichts fertig geworden.

*»ABWARTEN WIRKT WIE EINE SICHERE HANDLUNGSGRUNDLAGE.«[27]*
*HELEN PALMER ÜBER DIE NEUN*

Meine NEUNER-Freundin Uta beschrieb es so: »Prioritäten zu setzen fällt mir sehr schwer! Das hängt generell mit meiner Lebenseinstellung zusammen: Irgendwie empfinde ich alles als gleich wichtig! Wenn ich mir vorgenommen habe, das Haus mal gründlich auszumisten, und ich möchte wirklich zu Potte kommen, dann kann es sein, dass ich in einem Raum anfange aufzuräumen, aber dann sehe ich, dass ich noch den Kaffeetisch abräumen muss und beim Geschirrwegbringen fallen mir die Wasserflecken auf den Fliesen auf … und der verkrustete Rost vom Grill könnte auch mal eine Behandlung vertragen … Oftmals verzettele ich mich dann. Es ist total bescheuert, aber sofort kommt dieses Gefühl hoch, das ich seit meiner Kindheit kenne: dass das alles viel zu viel für mich ist und ich das sowieso nicht schaffe. Meist setze ich mich dann gemütlich aufs Sofa, trinke eine Tasse Tee und denke: Jetzt muss ich mich erst mal ausruhen.«

Versucht man, eine NEUN anzutreiben und in Bewegung zu setzen, fühlt diese sich unter Druck gesetzt und stellt dann völlig auf stur. Dies kann kein Enneagramm-Typ so gut wie sie. Ein bockiger Esel ist nichts dagegen! Es ist Bauchenergie pur! Je phlegmatischer und unproduktiver eine NEUN dann wird, desto mehr fühlen sich andere von ihr provoziert. Ein echter Kampf!

## WAS BEKOMMEN ANDERE VON DER NEUN?

Gereifte NEUER besitzen Urvertrauen. Sie sind ehrlich und haben ein aufrichtiges Interesse an Menschen. Sie besitzen die Gabe, in jedem etwas Positives zu entdecken und unterschiedlichste Meinungen stehen zu lassen. Sie können Menschen so akzeptieren, wie sie sind – ohne Urteil! Ihre Fähigkeit zu echtem Zuhören und ihre Wertschätzung ermöglicht es anderen, ihre Probleme aus einem neuen Blickwinkel zu betrachten und so eigene Lösungen zu finden.

Gereifte NEUNER haben eine unendliche Geduld und verfügen meist über eine gewachsene innere Stabilität. Weil sie offen, unparteiisch und diplomatisch sind, sind sie die geborenen Mediatoren: Sie können sich leicht in die verschiedenen Standpunkte hineinversetzen und durch ihre natürliche Vermittlungsfähigkeit und ihren trockenen Humor zu einem Klima beitragen, das hilft, auch schwierige Konflikte zu bereinigen. Oft wirkt allein schon ihre Anwesenheit auf andere entspannend. Richard Rohr sagt: »Gereifte NEUNER sind so, wie wir alle waren, bevor wir kompliziert wurden.«[28]

## MEIN WUNSCH FÜR DIE NEUN

*Erkunden Sie, was Sie aus der realen Welt der Anforderungen in eine träumerische Welt der Ablenkungen hineinzieht. Arbeiten Sie dagegen an und stellen auch Sie sich mal in die erste Reihe!*

PERFEKTIONIST
VERMITTLER
KÄMPFER
OPTIMIST
SKEPTIKER
BEOBACHTER
INDIVIDUALIST
DYNAMIKER
HELFER

# TYP EINS

*DER PRINZIPIENTREUE,*
*DER GEWISSENHAFTE*
*DER PERFEKTIONIST,*
*DER REFORMER, DER IDEALIST,*
*DER KRITIKER,*
*DER WELTVERBESSERER*

# »WAS DU HEUTE KANNST BESORGEN, DAS VERSCHIEBE NICHT AUF MORGEN.«

*SPRICHWORT*

## DER ERSTE EINDRUCK

Betritt eine EINS den Raum, fällt ihre sehr gute, aufrechte Körperhaltung ins Auge. EINSER sind oft extrem schlank bis hager. Ihr Gang kann zackig sein, die Bewegungen eckig, ihr Händedruck ist fest. Der Gesichtsausdruck ist eher ernst und wirkt kontrolliert. Ihre Kleidung ist gepflegt und korrekt, von guter Qualität, manchmal mit einem leicht konservativen Chic bis klassischem Charme. Die Frisur sitzt.

Im Kontakt mit anderen sind sie höflich, formell und sehr auf ihre Eigenständigkeit bedacht. Sie sprechen wenig über sich selbst und signalisieren indirekt: »Ich bestimme, wie nah mir jemand kommen darf.« Im Gespräch macht die EINS schnell ihren Standpunkt klar, von dem sie nicht gern abweicht. EINSER können sich für etwas so entflammen, dass sie andere gern von der Richtigkeit ihrer Sichtweise überzeugen. Fragen Sie sich im Kontakt mit einer Person schon nach Kurzem: »Ist mit mir alles in Ordnung?«, sind Sie vermutlich einer EINS begegnet. EINSER haben hohe Maßstäbe an sich selbst. Sie sind in ihrem Element, wenn sie davon überzeugt sind, das Richtige zu tun. Blitzschnell

## WAS VERBIRGT SICH UNTER DER OBERFLÄCHE?

| | |
|---|---|
| **unbewusste Grundangst** | Fehler zu machen, unvollkommen, nicht perfekt zu sein |
| **spontanes Angstgefühl** | verurteilt zu werden |
| **Grundbedürfnis** | integer und tugendhaft zu sein |
| **unbewusste Ego-Botschaft** | »Du bist in Ordnung, wenn du das Richtige tust.« |
| **Abwehrmechanismus** | Reaktionskontrolle |
| **Leidenschaft** | Zorn, ausgelebt durch Wut |
| **Extreme** | zuverlässig – dogmatisch |
| **benötigte Stärke** | Nachsicht und heitere Gelassenheit |
| **Überlebensstrategie** | sich korrekt verhalten, sich stetig verbessern, Fehler vermeiden |
| **Sprachstil** | aufklärend, belehrend, moralisierend, auf Fehler hinweisend, predigend, »richtig / falsch« |
| **Spitznamen** | Korinthenkacker, Biedermann |

erkennen sie, was fehlerhaft zu sein scheint, wo man etwas korrigieren oder verbessern kann. Sie sind aufmerksam, korrekt, ordnungsliebend, gewissenhaft, formell, sehr diszipliniert und entschlossen.

### DAS MITEINANDER

Auch in ihrer eigenen Familie neigen EINSER dazu, eine perfekte, korrekte Welt schaffen zu wollen. Sie sind der moralische Wegweiser für alle Familienmitglieder und versuchen, ihren Kindern beizubringen, wie bedeutsam und wertvoll es ist, ein diszipliniertes und tugendhaftes Leben zu führen. EINSER übertragen die Grundsätze ihrer Kindheit, die da lauten: »Du musst …!« und »Du sollst …!«, unbewusst auf ihre Kinder und ihren Partner. Sie erwarten einwandfreies Verhalten und dass

### GROSSE EINSER-PERSÖNLICHKEITEN

Folgende Persönlichkeiten waren oder sind sehr wahrscheinlich **EINSER**: Martin Luther, Jeanne d'Arc, Mahatma Gandhi, Leo Tolstoi, Martin Luther King, John Lennon, Clint Eastwood, Katharine Hepburn, Jodie Foster, Margaret Thatcher, Königin Elizabeth II., Michail Gorbatschow, Ursula von der Leyen, Helmut und Loki Schmidt, Margot Käßmann, Kurt Tepperwein, Mr. Spock, Lucy von den Peanuts.

alle ihr Bestes geben. EINSER haben das Gefühl, dass die Menschen Regeln und Dogmen brauchen, weil sonst alles aus dem Ruder laufen würde und ein geordnetes Zusammenleben nicht möglich wäre.

In zwischenmenschlichen Beziehungen leben EINSER nach dem Grundsatz, dass Worte und Taten übereinstimmen müssen. Sie sind sehr wahrheitsliebend und es wäre ihnen unmöglich, jemand anderem etwas vorzumachen oder ihn zu hintergehen. Wegen dieser Aufrichtigkeit und Integrität in persönlichen Dingen erfahren sie viel Wertschätzung.

Was EINSERN allerdings unglaublich schwerfällt, ist, ein an sie gerichtetes Kompliment – sei es auch noch so ehrlich gemeint – anzunehmen. Eine Klientin berichtete: »In so einem Moment kann ich einfach nicht glauben, dass wirklich ich mit dem Lob gemeint bin, da mein innerer Kritiker ja immer etwas an mir zu bemängeln hat. Und nur er weiß, was richtig und was falsch oder überhaupt lobenswert ist.«

Obwohl sie sich höflich bedanken, wertet ihr innerer Kritiker das Kompliment als bedeutungslos ab, da er ihr Gegenüber als nicht kompetent in dieser Sache, als jemanden mit zu geringen Maßstäben oder als jemanden, der einfach nur netten Smalltalk betreiben will, ansieht.

Auf der anderen Seite kann selbst die unschuldigste Bemerkung von einer EINS als Kritik interpretiert werden. Und gerade Kritik von außen trifft sie hart, da die EINS permanent vom eigenen inneren Kritiker beobachtet und zensiert wird. Er hat immer das missbilligende letzte Wort!

Das gesamte Wohnumfeld der EINS ist klar strukturiert, was nicht unbedingt heißt, dass es perfekt oder super aufgeräumt sein muss, aber es gibt eine strenge persönliche Ordnung. Sauberkeit ist ihr sehr wichtig. Im Haus oder in der Wohnung haben alle Dinge ihren Platz: Das Innenleben der Schränke ist nach einem gut durchdachten System geordnet und es ist der EINS sehr wichtig, dass alle anderen Mitbewohner diese Ordnung auch einhalten. Selbst das Beladen der Geschirrspülmaschine geschieht nach einer bestimmten Anordnung, auf die die EINS besteht. Besitzt sie ein Haus mit Garten, so ist dieser fast ein wenig übertrieben ordentlich angelegt: Der Rasen ist getrimmt und von sattem Grün, die Hecke geometrisch perfekt geschnitten, Unkraut in den Beeten gibt es eher selten. Verlassen EINSER ihr Zuhause, überprüfen sie gern noch einmal, ob alles am rechten Platz, ausgeschaltet und abgeschlossen ist.

TYP EINS: BAUCH-INTELLIGENZ-ZENTRUM

Geben EINSER eine Party, ist es ihnen ein Bedürfnis, genau zu wissen, wie viele der Eingeladenen kommen werden. Dies brauchen sie für ihre Einkaufsplanung, damit Essen und Getränke perfekt auf die Anzahl der Gäste abgestimmt sind. EINSER erwarten von ihren Gästen, dass sie sich bei ihnen ordentlich und rücksichtsvoll verhalten. Deshalb laden sie lieber nur eine überschaubare Anzahl von Freunden ein. Nach dem Essen werden schmutzige Teller sofort in die Spülmaschine geräumt, übrig gebliebene Lebensmittel sorgfältig eingetuppert und leere Flaschen entsorgt. Haben

## DIE GABE DER EINS

*Wir dürfen uns bei Typ EINS bedanken, denn EINSER besitzen die große Gabe, Ordnung zu schaffen und als Vorbilder und Lehrer das Beste in anderen und in der Welt hervorzubringen.*

### TYPISCHE GEDANKEN EINER EINS

»Man kann und muss sich immer noch verbessern.«
»Ich verhalte mich stets korrekt.«
»Nie bin ich gut genug!«
»Erst die Arbeit, dann das Vergnügen!«
Gedanken über ihre Mitmenschen: »Andere sind zu nachlässig und machen Fehler.«

Sie schon einmal erlebt, dass Ihnen während einer Einladung jemand mit einem Handstaubsauger die Krümel zwischen den Füßen wegsaugt, dann waren Sie wahrscheinlich bei einer EINS eingeladen.
Außerhalb ihres Territoriums, beispielsweise im Urlaub, sind EINSER meist wie ausgewechselt und viel gelassener. Ebenso entspannt sind sie in der Natur, wo in ihren Augen nichts verbessert werden muss.

## LIEBE UND ZWEISAMKEIT

In der Wahl ihres Lebens- und Liebespartners sind EINSER in der Regel eher der passivere Part. Einmal in einer Beziehung, sind sie äußerst treue Partner mit hohen moralischen Ansprüchen. Sie machen sich viele Gedanken und arbeiten hart daran, dass es dieser Partnerschaft in finanzieller und wirtschaftlicher Hinsicht an nichts mangelt. Ebenso wichtig sind ihnen Sicherheit und Geborgenheit.
EINSER suchen nach der perfekten Beziehung. Am liebsten möchten sie nur die positiven Eigenschaften ihres Partners sehen. Oftmals neigen sie dazu, den anderen gerade zu Beginn auf einen Sockel zu stellen, und es fällt ihnen schwer, nach und nach zu erkennen, dass in jedem Menschen gute und schlechte Eigenschaften nebeneinander existieren. Anfangs hoffen sie, die weniger erwünschten Seiten des Partners ummodeln zu können. In dieser Phase bedeutet Kritik so viel wie ein Kompliment. Es ist für Außenstehende oder den Partner schwer zu verstehen, dass dies ehrlich gemeinte Wertschätzung ist.

Stellen sie aber fest, dass sie dieses Ummodeln nicht schaffen, fangen sie an, belehrend zu werden und ihre anschwellende Wut hinter vermeintlicher Sachlichkeit und – ihrer Meinung nach – gerechter Empörung zu verbergen. Findet dies kein Gehör, beginnen sie akribisch, Kritik zu üben: »Wie kann er so was sagen?!«, »Wie kann sie nur so etwas anziehen?!« Die vermeintlichen Fehler des anderen treffen die EINSER jedes Mal wie ein Elektroschock. Sie können einfach nicht verstehen, dass der andere ihre Sicht und Einstellung nicht teilt. So geraten sie immer mehr in einen Zwiespalt und müssen unwahrscheinlich viel Energie aufbringen, um den aufkommenden Zorn zu unterdrücken, da sie befürchten, ansonsten die Liebe und Zuneigung des Partners zu verlieren. Andererseits rebelliert ihr erstaunlich kontrolliertes Innenleben aber so sehr dagegen, dass sie dies nur noch unterdrücken können, indem sie sich reserviert, kühl und manchmal sogar abweisend verhalten. In solchen Augenblicken gleicht ihr Gesicht einem Pokerface, ihr Körper erstarrt.

SONG DER EINS: »PERFECT« VON FAIRGROUND ATTRACTION

In intimen Beziehungen legen junge EINSER ein eher schüchternes bis unbeholfenes Verhalten an den Tag. Ihre Liebesbekundungen haben etwas Hölzernes. Zärtlichkeiten wie Ankuscheln und Streicheln fallen ihnen schwer. Nicht selten reagieren sie sexuell gehemmt, da sie von ihren strengen moralischen Werten kontrolliert werden. Klausbernd Vollmar sagt sinngemäß: Gerät die EINS aber an einen Partner, der ungehemmt und gefühlsoffen ist, ist sie geradezu gierig, von ihm zu lernen. Wollen Sie sich den idealen Liebhaber, die ideale Liebhaberin erziehen, sollten Sie nach einem Typ EINS Ausschau halten![29]

## BERUF

EINSER ergreifen oft Berufe, in denen ein großes Maß an Organisationstalent, Genauigkeit und Selbstdisziplin gefordert sind. Auf sie ist einfach Verlass! Man findet sie bevorzugt in Berufen wie Erzieher, Lehrer, Richter, Rechtsanwalt, Ingenieur oder Chirurg. Viele religiöse Führer sind EINSER.

Im Job sind sie eifrige Fürsprecher für all diejenigen, die sich durch persönliche Anstrengungen verbessern und vorankommen wollen. Hierbei zeigen sie große Geduld und Einfühlungsgabe. EINSER sind selbstständige und produktive Menschen, die sich nur ungern auf andere verlassen, da sie glauben, dass niemand so gründlich und korrekt vorgeht wie sie selbst. Gern packen sie selbst mit an, um alles und jeden unter Beobachtung zu behalten und um Kritik an ihrer Person oder ihrer Arbeitsweise zu vermeiden. EINSER erfreuen sich an guter, qualitativ hochwertiger und präziser Arbeit und sie haben es gern, wenn man sie nach ihren Fähigkeiten und Verdiensten bewertet, auch wenn sie mit Lob so ihre Probleme haben. Eine Idee auszuarbeiten oder zu verbessern empfinden sie als Herausforderung.

Allerdings fehlt ihnen oft die Flexibilität, sich spontan auf einen anderen Sachverhalt einstellen zu können. Eine Abweichung oder Änderung der Vorgehensweise wird von einer EINS beinahe schon als Misserfolg gedeutet. Ihre Motivation nach ständiger Verbesserung ihrer selbst und ihrer Arbeit unterscheidet den Enneagramm-Typ EINS klar vom Typ DREI, dessen Motivation in erster Linie die persönliche Anerkennung und der Erfolg eines Projektes ist. Ein EINSER-Klient berichtete: »Ich gönne mir erst dann eine Pause, wenn alle Arbeit perfekt und zu meiner

## EIN TYPISCHES EINSER-LAND ...

... ist die Schweiz. Der Föderalismus gehört zu den Grundprinzipien dieses Landes. In den 26 souveränen Kantonen herrscht Disziplin und Ordnung aufgrund selbstverantwortlicher Eigenständigkeit. Durch striktes Einhalten strenger Umweltgesetze und den Einsatz grüner Technologien gibt es in vielen Kantonen besonders sauberes Trinkwasser, gesunde Luft zum Atmen und grüne Wälder. Hier kann man die beste Schokolade, den perfekten Käse, die präzisesten Uhrwerke von hoher Qualität und die berühmten Schweizer Taschenmesser kaufen.

vollsten Zufriedenheit fertiggestellt ist. Selbst in den Urlaub nehme ich gern Fachliteratur mit, um mich zu informieren und weiterzubilden.«
Um Ihnen den Antrieb, der einen Typ EINS durchs Leben jagt, klarer vor Augen zu führen, möchte ich Ihnen an dieser Stelle gern die Zeilen weitergeben, dir mir meine liebe EINSER-Freundin und Physiotherapeutin Maren zur Verfügung gestellt hat: »Es war ein anstrengender Tag, viele Patienten waren zu behandeln, Notfälle brachten den tags zuvor akribisch aufgeschriebenen, immer engen Zeitplan durcheinander – Stress pur! Nicht durch die Patienten, nein, sondern weil der Plan nicht eingehalten werden konnte. Dabei kann es nicht klappen! Auch das ist eigentlich klar, denn es steht immer viel zu viel im Terminkalender. Einige Patienten haben sich – glücklich über eine Besserung – sehr bedankt und mich gelobt. Und wieder das Dilemma: Natürlich freu ich mich sehr über Lob, aber: Ist es angebracht? Es ist doch normal, was ich getan habe, das ist doch mein Beruf, ein von mir geliebter Beruf! Und ich hätte ja noch mehr machen können, es gibt ja noch mehr Möglichkeiten der Behandlung, aber das habe ich nur nicht mehr geschafft, meine Kraft reichte nicht. Aber ich kann nicht sagen, dass ich keine Kraft mehr habe, mehr Ruhe bräuchte, denn ich bin nicht so wichtig – erst die anderen, dann sind meine Bedürfnisse dran.
Erschöpft falle ich ins Bett. Da fällt mir ein, dass ich den Bürokram noch nicht fertig gemacht habe, außerdem ist die Wäsche noch nicht gelegt, die nächste Waschmaschine schleudert schon, der Plan für morgen muss überdacht werden … Ach ja, und das Beet, das ich vom Unkraut befreien wollte, die Berichte zum Umweltschutz, die ich noch kopieren wollte. Mensch, das ist sooo wichtig! Draußen steht schon wieder ein Auto mit laufendem Motor und wartet auf den Bus, der erst in zehn Minuten kommt. Jedes Mal das Gleiche, dabei habe ich den Fahrer schon mehrfach auf die Umweltbelastung angesprochen. Also husch, wieder anziehen, und alles erledigen – bis auf das Beet, es ist bereits dunkel. Und der Autofahrer – der ist schon weg … Mit dem Gefühl, wieder nicht genügt zu haben, nicht alles erledigt zu haben, schlafe ich unruhig ein. Gut, dass morgen als Erstes der Hundespaziergang durch Wald und Feld auf der Liste steht – ganz früh, damit ich es schaffe. Aber

## STRESS- UND RELAXPUNKT DER EINSER

| Stresspunkt | Relaxpunkt |
|---|---|
| Wenn EINSER unter Stress stehen, weichen sie zum Enneagramm-Typ VIER aus. Ihre Selbstbeherrschung schwindet und sie fangen an, sich mit anderen zu vergleichen. Sie sehen nur noch das, was zu ihrem Perfekt-Sein fehlt, und nicht mehr das, was sie selbst ausmacht oder was sie bereits alles geschafft haben. Ihre Wut kehrt sich nach innen und lässt sie depressiv werden.<br><br>Wenn EINSER den positiven Aspekt der VIER nutzen, betätigen sie sich kreativ oder künstlerisch, ohne eine Richtig-oder-falsch-Bewertung. | Wenn EINSER sich unabhängig und geborgen fühlen, gehen sie zur SIEBEN weiter. Ihre Neigung, sich selbst zu maßregeln und zu kritisieren, lässt nach und sie können entspannter, optimistischer und humorvoller mit sich selbst und stressigen Situationen umgehen.<br><br>Wenn EINSER den negativen Aspekt der SIEBEN annehmen, kann es sein, dass sie ihre Regeln und Vorsätze geradezu rebellisch unterwandern und schlimmstenfalls Alkohol, Sex, Drogen etc. als Betäubungsmittel missbrauchen. |

das ist Erholung pur – kein innerer Kritiker im Ohr! Der bleibt in dem Moment zu Hause und lässt mich die göttliche Schöpfung in vollen Zügen genießen.«

## WARUM SIND EINSER, WIE SIE SIND?

EINSER durften als Kinder in der Regel keine schlechten Emotionen ausleben. Im Gegenteil: Sie mussten über jedes gesunde Maß hinaus gehorsam und ordentlich sein und waren entsprechend brave kleine Mädchen und Jungen. Für Albernheiten oder kindliche Neugier hatten die Eltern wenig Sinn. Nicht selten sind EINSER Kinder von alleinerziehenden Müttern, manchmal auch Vätern. Oftmals hatten sie ein streng

## WAS EINSERN GUTTUT

*Achten Sie darauf, wann Ihr innerer Kritiker sich meldet, und kontern Sie: »Jetzt nicht!« Lächeln Sie! Versuchen Sie die Wörter »Ich muss« und »Ich sollte« aus Ihrem Vokabular zu streichen, und tun Sie öfter etwas, was Ihnen Spaß macht. Gönnen Sie sich ab und zu etwas Schönes oder vielleicht sogar mal etwas Verrücktes! Akzeptieren Sie, dass Vollkommenheit ein Ideal, bestenfalls ein Entwicklungsprozess und kein fixes Ziel ist. Und: Schrauben Sie Ihre Erwartungen an andere ab sofort herunter!*

religiöses Elternhaus. Früh mussten sie lernen, sich gut zu benehmen, nicht aufzufallen, Verantwortung zu übernehmen und sich, in den Augen ihrer Eltern und ihres sozialen Umfelds, korrekt zu verhalten.
Die Messlatte für ihr Handeln wurde immer vorgegeben, eine laxe Einstellung wurde nicht geduldet. Wenn sie etwas anstellten, wurden sie konsequent bestraft. Wenn sie etwas richtig machten, wurden sie gelobt. Dazwischen gab es nichts. Ihr Schwarz-Weiß-Denken begann.
Da ihre eigenen Wünsche und Sehnsüchte meist übergangen und oftmals sogar verboten wurden, lernten EINSER, ihre Bedürfnisse abzustellen und ihre Aufmerksamkeit nur auf das zu richten, was in den Augen der anderen richtig war.
Von früh auf begleitet sie daher die Angst, die Kontrolle zu verlieren, sodass die unterdrückten Gefühle übermächtig werden könnten. Starke Emotionen wie Ärger, Wut und Zorn empfinden sie seit ihrer Kindheit als bedrohlich, gar gefährlich. Deshalb installierten sie ein internes Überwachungssystem: Ihre Gedanken, Worte und Taten wurden automatisch kontrolliert, um negative Emotionen zu unterdrücken und Fehler zu vermeiden. Der Zwiespalt

*»NEHMEN SIE DIE MENSCHEN, WIE SIE SIND. ANDERE GIBT'S NICHT!«*
*KONRAD ADENAUER*

zwischen »So bin ich« und »So sollte ich sein« erweckte Schuldgefühle, die zu ihrem ständigen Zensor wurden. Das Gefühl nicht zu genügen, nicht auszureichen, nicht viel wert zu sein, nicht selbst entscheiden zu können, und das Gefühl, niemals als Mensch oder mit einer Sache fertig zu sein, kann EINSER ihr ganzes Leben begleiten und quälen.

Warum sind EINSER so perfektionistisch, warum tun sie das? Aufgrund ihrer Kindheitserfahrungen leben sie ständig in dem Glauben: »Ich muss alles richtig machen.« Eine Freundin drückte es einmal so aus: »Ich musste alles mindestens gut machen, weil ich mich als eine totale Belastung für meine alleinerziehende Mutter gefühlt habe. Mein größter Fehler war, dass es mich überhaupt gab, und irgendwie war mein Perfekt-sein-Wollen ein Versuch, diese Schuld meiner Existenz wiedergutzumachen.«

Können Sie sich vorstellen, welch starker Motor diese Menschen antreibt? EINSER lassen sich von ihrem inneren Kritiker schikanieren und kontrollieren, ständig nörgelt er an ihnen herum und ist nie zufrieden. Richard Rohr, der selbst in der EINS zu Hause ist, untermauert dies folgendermaßen: »Im Inneren von uns EINSERN wird andauernd Gericht gehalten; wir sind unser eigener Staatsanwalt und sitzen zugleich auf der Anklagebank.«[30]

Um also das Selbstbild des guten und rechtschaffenden Menschen aufrechtzuerhalten, lautet ihre Gegenstrategie: perfekt sein! Perfektionistisch zu sein heißt, in zwanghafter Weise an idealistischen Vorstel-

### EINSER MIT FLÜGEL ZUR NEUN …

… können zu »Weltverbesserern« werden. Sie werden ruhiger und entspannter und bewirken Veränderungen auf eine sanfte Art und Weise – ohne dabei die Vorschriften zu verletzen. Sie sind zurückhaltender mit Kritik und mit anderen weniger streng. Negativ betrachtet verteidigen sie Harmonie und Frieden mit kämpferischem Übereifer und einer gewissen Sturheit.

lungen und Überzeugungen festzuhalten. Der Versuch, perfekt zu sein, verschlingt eine Unmenge an Kraft. Doch da nichts ihren Ansprüchen genügt und es ihnen nie gelingt, ganz vollkommen zu sein, sind EINSER latent unzufrieden.

Dass sie darüber Wut empfinden, ist ihnen nicht bewusst. Diese unterdrückte Wut zeigt sich in einer angespannten Körperhaltung, einer nervösen Reizbarkeit, einem irritierten Tonfall oder durch besserwisserische Kritik. Wut und Zorn gehören sich natürlich nicht für jemanden, der vorgibt, alles im Griff zu haben. Deshalb werden sie permanent unterdrückt.

Was EINSER auf einer tieferen Ebene zusätzlich wütend macht, ist, dass sie Impulse wie Spontanität, Lebensfreude und Lebendig-Sein ständig verdrängen. Der Teufelskreis schließt sich: Wieder entstehen darüber Frustration und Groll, die ihre sorgfältig manikürte Welt zu übernehmen drohen. Das Leben bleibt hart und anstrengend.

EINSER, die sich mit sich selbst auseinandersetzen, sind immer ganz überrascht, wenn sie herausfinden, dass ihre inneren Antreiber Wut und Zorn sind. Wenn sie das Enneagramm kennenlernen, halten sich viele EINSER erst mal für Kopfmenschen, da der innere Dialog mit ihrem Kritiker immer zugegen ist und somit das Denken vorherrscht. Doch ihre wahren Antriebskräfte sitzen im Bauch. Wenn EINSER sich auf diese Urkraft einlassen und ihr vertrauen, kann das zu einer neuen Qualität von Lebendigkeit und echter Ausgeglichenheit führen.

## EINSER MIT FLÜGEL ZUR ZWEI ...

... können zu »Unterstützern« werden. Sie sind offener dafür, sich gemeinsam mit anderen für deren Ideale einzusetzen. Sie schrecken nicht davor zurück, sich einzubringen und tatkräftig mit anzupacken, um Seite an Seite die gesetzten Ziele zu erreichen. Negativ betrachtet können sie aufgebracht und kritisch werden, wenn es ihnen zu gemütlich wird und nichts vorangeht.

## SPIRITUELLE ENTWICKLUNG

Auf ihrem spirituellen Weg besteht die Aufgabe von EINSERN darin, den inneren Krieg zu beenden, die Dinge leichter zu nehmen und loszulassen. Sie werden erkennen, dass sie durch mehr Bewusstheit und geduldige Selbstakzeptanz zu einer tiefen Gelassenheit finden. Sie werden lernen, ihre Bewertungstendenz zu zügeln, ihre perfektionistischen Selbstbilder aufzugeben und ihren inneren Kritiker in Liebe anzunehmen und ihn so zu besänftigen.

Ihre Heilung wird beginnen, wenn sie ihre Versuche aufgeben, ein besserer Mensch zu werden, wenn sie anfangen, ihren Ärger auf gesunde Weise zum Ausdruck zu bringen und andere so sein zu lassen, wie sie sind. Erst wenn sie sich voll und ganz auf das Leben und ihre eigenen, authentischen Gefühle einlassen, werden EINSER erkennen, dass alles, selbst in seiner Unvollkommenheit, bereits vollkommen ist. Auch sie selbst! So entwickeln sie mehr Leichtigkeit, Spontanität, Verspieltheit und innere Weite. Sie beginnen, sich selbst und anderen ihre Unzulänglichkeiten mehr und mehr zu verzeihen, und begreifen immer öfter: »Ich bin, so wie ich bin, gut genug! Nichts fehlt, nichts muss hinzugefügt oder verbessert werden, ich brauche niemand anderer zu werden.« In dieser Bewusstheit durchströmt wahre Freude ihr Herz und ihre Aufmerksamkeit geht immer mehr weg von dem, was falsch war, hin zu dem, was an der Schöpfung so wunderbar und gelungen ist.

## WAS STÖRT ANDERE AN DER EINS?

EINSER streben auch in Beziehungen und Freundschaften nach Vollkommenheit und Perfektion, was vom Gegenüber schon mal als rechthaberische Besserwisserei empfunden werden kann. Sie neigen dazu, sich zu schnell über andere zu ärgern und ungeduldig zu werden, wenn etwas nicht ihren Vorstellungen entspricht.

Richard Riso und Russ Hudson untermauern dies: »Durchschnittliche EINSER fühlen sich nicht nur dazu verpflichtet, das Richtige zu tun, sondern auch den Schlamassel, den andere durch ihre Dummheit und Sorglosigkeit angerichtet haben, zu bereinigen.«[31] Dabei fällt es ihnen schwer, zwischen Einmischung und erwünschter Hilfeleistung zu unterscheiden. Da EINSER Menschen sind, die sich immer im Recht fühlen, neigen sie dazu, andere von ihren Auffassungen überzeugen zu wollen. Die anderen fühlen sich dadurch oft abgelehnt oder bevormundet und gehen in die Verteidigung. Die Denkweise der EINS, es gäbe nur Richtig oder Falsch, macht es anderen oft schwer, mit ihr einig zu werden. Selbst auf die leiseste Andeutung von Kritik reagieren EINSER nicht selten unangemessen heftig und fangen an, die anderen zu belehren und zu maßregeln. Beziehungspartner beschweren sich oft über mangelnde Spontanität, den fehlenden Spaß und den Mangel an Lockerheit.

## WAS BEKOMMEN ANDERE VON DER EINS?

Andere schätzen an EINSERN deren Fähigkeit, die Schwierigkeiten ihrer Mitmenschen ernst zu nehmen. Sie sind kein Freund von halben Sachen und machen sich viele Gedanken. Sie sind aufrichtige, verantwortungsvolle und zuverlässige Menschen, denen Fairness und Ehrlichkeit über alles geht. EINSER haben einfach einen Blick dafür, wie etwas optimiert werden kann. Sie sind Experten darin, sowohl im Beruflichen als auch im Privaten anderen eine Struktur, eine klare Linie vorzugeben. Sie kritisieren ohne Eigennutz, einfach, um Wege zur möglichen Verbesserung aufzuzeigen. Sie bringen Ordnung ins System und bemühen sich, mit gutem Beispiel voranzugehen. Niemals ruhen sie sich auf ihren Lorbeeren aus. Obwohl sie manchmal ein bisschen streng wirken, besitzen sie eine natürliche Heiterkeit, sind gesellig, lachen gern, können albern sein und haben einen weltoffenen Humor.

## MEIN WUNSCH FÜR DIE EINS

*Halten Sie es mit König Salomo: »Sei nicht allzu gerecht und nicht allzu weise, damit du dich selbst nicht ruinierst!« Befreien Sie sich von inneren Zwängen und lassen Sie mal fünfe gerade sein.*

# SCHLUSS-WORT

Ja, liebe Leserin, lieber Leser, nun wissen Sie schon eine ganze Menge über das Enneagramm – und halten damit ein ausgezeichnetes Werkzeug in der Hand. An dieser Stelle möchte ich gern Suzanne Zuercher zitieren, deren Bücher ich sehr mag und schätze: »Das Enneagramm ist ein ›Werkzeug der Lebenskunst‹, das uns zeigt, wie wir unsere eigenen schlimmsten Feinde sein können und sind und wie wir uns selbst im Weg stehen, wenn es darum geht, das in uns Angelegte zu entfalten.
Es macht uns besser mit uns selbst bekannt und ermutigt uns, unsere eigenen Freunde zu werden und uns selbst zu verstehen. Das ist die Vorbedingung, damit wir anderen gegenüber offen sind und mitfühlen können.«[32]

## WEISER WERDEN

Es ist für uns alle eine große Hilfe, über die eigene Persönlichkeitsstruktur Bescheid zu wissen. Für einen jungen Menschen ist es ganz normal und richtig, sich nach Kräften seine eigene, typspezifische Ego-Struktur aufzubauen; in dieser Zeit wollen wir uns vordergründig einfach nur wohlfühlen und erfolgreich sein.
Später, meistens in der Mitte des Lebens, findet bei vielen Menschen ein Umdenkprozess statt. Irgendwie stimmt all das Gewohnte nicht mehr. Vielleicht haben wir die Karriereleiter erklommen, haben ein Haus gebaut, Eigentum angeschafft, eine Familie gegründet, aber all das macht uns nicht satt. Wir sehnen uns danach, uns »ganz« zu fühlen, stimmig zu sein, heil zu werden. Richard Rohr und Andreas Ebert bringen es auf

### DEN MARATHON LAUFEN

Mit dem Enneagramm zu leben, ist ein Weg der Selbsterkenntnis und des Wachsens. Dieser Weg ist wie ein Marathon. Am Anfang glaubt man nicht, es wirklich schaffen zu können, in der Mitte möchte man am liebsten aufgeben und je näher man dem Ende kommt, desto besser und beglückender fühlt es sich an, sodass man schon bald an den nächsten Marathon denkt.

den Punkt: »Was Lust war, wird zur Last.«[33] Die Suche nach Sinnhaftigkeit, nach wahrem Glück, nach innerer Zufriedenheit beginnt.
Das Enneagramm ist ein Wegweiser, der uns bei diesem Umdenken unterstützt. Es ist kein Allheilmittel. Wir müssen uns schon selbst auf die Reise begeben, selbst die Verantwortung übernehmen und bereit sein, mit einer großen Portion Mut und Ehrlichkeit uns unseren unbequemen Wahrheiten, unseren Schwächen und Ängsten zu stellen.
Das Enneagramm soll uns auch nicht bei der Auflösung unserer Ego-Struktur oder Fixierung helfen, sondern uns beides einfach nur bewusst machen. So werden wir frei. Frei, unser Leben nach unseren Wünschen zu gestalten und zu führen, ohne unserer Fixierung ausgeliefert zu sein.

*»LIEBE IST DER ENTSCHLUSS, DAS GANZE EINES MENSCHEN ZU BEJAHEN, DIE EINZELHEITEN MÖGEN SEIN, WIE SIE WOLLEN.«*
*OTTO FLAKE*

Wer bereit ist, sich auf die Reise zu machen, wird das Enneagramm nach und nach in seiner ganzen Fülle verstehen und wertschätzen können. Einige von Ihnen werden empfänglicher sein als andere – je nachdem, wie weit Ihre eigene Entwicklung fortgeschritten ist. Trotzdem, es wird immer auch beschwerlich, erschreckend, vielleicht sogar schmerzhaft und es wird Ihnen anfangs garantiert erst einmal wie eine Verschlechterung vorkommen, bevor sich die Dinge zum Besseren wenden und wahres Verstehen und ein liebevolles Bei-sich-Ankommen möglich

### WAS DIE LIEBE UNS LEHREN KANN

Der folgende Text ist von Boris Fittkau vom Enneagramm-Theater Hamburg.

»Was die Liebe dich lehrt, Typ …

… ZWEI: Geliebtwerden ersetzt nicht die Selbstliebe.

… DREI: Sie ist nur in uns zu finden, nicht im Außen – mag der äußere Schein auch noch so schön sein.

… VIER: Sie ist ganz normal und gewöhnlich – kein dramatisches oder melancholisches Gefühl.

… FÜNF: Sie entsteht nur in Nähe und direktem Kontakt und lässt sich nicht in philosophische Konzepte packen.

… SECHS: Man kann sie nicht festhalten oder absichern und auch nicht kennen, man kann ihr nur vertrauen.

… SIEBEN: Sie ist kein Spiel und sie erwartet, dass man sich auf sie einlässt.

… ACHT: Man kann sie nicht besitzen; sie zeigt sich, wenn man die Kontrolle aufgibt.

… NEUN: Sie ist nicht dasselbe wie Harmonie.

… EINS: Sie liebt die Unvollkommenheit genauso wie die Perfektion.«

sind. Doch diese positive Haltung inniger und tiefer Verbundenheit zu uns selbst ist der Grundstein dafür, tiefe und ehrliche Zuneigung für andere Menschen empfinden zu können.

Dieses Mehr-bei-uns-Sein funktioniert auch nicht von heute auf morgen. Vielmehr wird das Enneagramm-Wissen ab sofort Ihr ständiger Begleiter sein, der Ihnen klarmacht, dass die Entwicklung eines bewussten Ichs eine Lebensaufgabe ist. Auch ich, die ich dieses Buch geschrieben und mich mit Lehrern, Klienten, Freunden und Büchern auseinandergesetzt habe, kratze noch an der Oberfläche dieses Wissens. Nichtsdestotrotz bin ich begierig und freudig gespannt, was aus mir und meinem

Leben mithilfe dieser Kenntnisse noch alles werden kann! Zumindest kann ich eines schon mal verraten: Durch die Arbeit an diesem Buch habe ich mich nach und nach in jeden einzelnen Enneagramm-Typ verliebt. Ich habe voller Staunen erkannt, wie viel ich zum Teil auch von den Themen der anderen kenne. Ich habe verstanden, wie ähnlich wir uns doch alle in unserem Menschsein sind und dass uns mehr verbindet, als uns trennt.

## JEDER MENSCH IST EIN ORIGINAL

Zum Schluss liegt mir ganz besonders am Herzen, Sie darum zu bitten, das Enneagramm-Wissen nie zu benutzen, um andere in Schubladen zu stecken. Das Enneagramm ist kein psychodiagnostisches Regelwerk zum Durchschauen von Menschen, sondern diente in seinem ursprünglichen Bestreben der persönlichen Entwicklung der eigenen Person. Es will niemanden mit einem Etikett versehen, Enneagramm-Typen sind keine Stereotype(n)! Denken Sie immer daran: Jeder Mensch ist einzigartig und unverwechselbar. Und: Jeder Mensch ist ein Experte! Bitte schauen Sie in positiver und wertschätzender Weise auf die Potenziale und die Entwicklungsmöglichkeiten Ihrer Mitmenschen.

*»EINEN MENSCHEN SO ZU NEHMEN, WIE ER IST, IST ZU WENIG. NIMM IHN SO WIE DAS, WAS AUS IHM ENTSTEHEN KANN.«*
*JOHANN WOLFGANG VON GOETHE*

Ich hoffe, dass Ihnen dieses Buch neue Erkenntnisse, Aha-Erlebnisse und vor allem Freude bereitet hat. Eines darf ich Ihnen versichern: Alle, die sich je tiefgründig mit dem Enneagramm beschäftigt haben, wurden für ihre Aufrichtigkeit und Annahme am Ende unendlich belohnt. Alle, die sich auf die Reise begeben haben, mussten zu Beginn tiefe Täler durchwandern, um am Ende vom Gipfel aus die Vielfalt, den Reichtum, die Schönheit und die Freiheit, die das Leben für uns bereithält, zu erkennen. »Nun aber bleiben Glaube, Hoffnung, Liebe, diese drei, aber die Liebe ist die Größte unter ihnen.«
Mit den besten Wünschen für Sie,
Ihre Gabriele Labudde

# ENDNOTEN

[1] Enneagramm und NLP, Junfermannsche Verlagsbuchhandlung, 1996, Seite 19
[2] Erkenne dich selbst im Enneagramm, Kösel Verlag, 1994, Seite 35
[3] Das Enneagramm, Droemersche Verlagsanstalt Th. Knaur, 2000, Seite 146
[4] Das Enneagramm, Droemersche Verlagsanstalt Th. Knaur, 2000, Seite 153
[5] Das Enneagramm. Die neun Gesichter der Seele, Claudius Verlag, 1993, Seite 65
[6] Die neun Zahlen des Lebens, Droemersche Verlagsanstalt Th. Knaur, 1992, Seite 116
[7] Vgl. Du bist viel mehr, Ecowin Verlag, 2010, Seite 96
[8] Das Enneagramm, Neun Weisen, die Welt zu sehen, Books On Demand, Seite 114
[9] Neun Wege zur Freiheit, VAK Verlag, 2006, Seite 104
[10] Neun Wege zur Freiheit, VAK Verlag, 2006, Seite 105
[11] Neun Wege zur Freiheit, VAK Verlag, 2006, Seite 106
[12] Das Enneagramm, Droemersche Verlagsanstalt Th. Knaur, 2000, Seite 292
[13] Das Enneagramm. Was Sie wirklich darüber wissen müssen, Goldmann Verlag, 1997, Seite 117
[14] Das Enneagramm. Strategien für die eigene Entwicklung, Herder Verlag, 2010, Seite 149
[15] Du bist viel mehr, Ecowin Verlag, 2010, Seite 131
[16] Das Enneagramm. Was Sie wirklich darüber wissen müssen, Goldmann Verlag, 1997, Seite 137
[17] Transformiere deinen Schatten, Rowohlt Verlag, 1992, Seite 78
[18] Erfahrungen mit dem Enneagramm, Claudius Verlag, 1992, Seite 41
[19] Die Weisheit des Enneagramms, Goldmann Verlag, 2000, Seite 305
[20] Woher kommt die Kraft zur Veränderung, Ellert & Richter Verlag, 2005, Seite 72
[21] Wer bin ich? Persönlichkeitsfindung mit dem Enneagramm, Pattloch Verlag, 1993, Seite 75
[22] Das Enneagramm in Arbeit und Liebe, Droemersche Verlagsanstalt Th. Knaur, 1995, Seite 272
[23] Die neun Zahlen des Lebens, Droemersche Verlagsanstalt Th. Knaur, 1992, Seite 83
[24] Das Enneagramm in Arbeit und Liebe, Droemersche Verlagsanstalt Th. Knaur, 1995, Seite 274
[25] Das heitere Enneagramm, Ellert & Richter Verlag, 2009, Seite 86
[26] Du bist viel mehr, Ecowin Verlag, 2010, Seite 194
[27] Das Enneagramm in Arbeit und Liebe, Droemersche Verlagsanstalt Th. Knaur, 1995, Seite 303
[28] Erfahrungen mit dem Enneagramm, Claudius Verlag, 1992, Seite 45
[29] Vgl. Das Enneagramm der Liebe, Iris Verlag, 2002, Seite 75
[30] Das Enneagramm. Die neun Gesichter der Seele, Claudius Verlag, 1993, Seite 50 f.
[31] Die Weisheit des Enneagramms, Goldmann Verlag, 2000, Seite 154
[32] Ankommen im Einssein, Beten mit dem Enneagramm, Claudius Verlag, 2009, Seite 89
[33] Das Enneagramm. Die neun Gesichter der Seele, Claudius Verlag, 1993,

# HILFREICHE ADRESSEN

Hier können Sie sich weiter informieren und auch Enneagramm-Interviews und Seminare vereinbaren. In alphabethischer Reihenfolge:

Berlin: DEZ, Wilfried Reifarth, *d-e-z@web.de*

Bonn: Dr. Susanne Marx, *info@eft-bonn.de*

Düsseldorf / Essen / Köln: Gabriele Labudde, *info@with-a-little-help.de*

Hamburg: Pamela Michaelis, *pamela@enneagramgermany.de*

Hirschberg: Hans Neidhardt, *info@hans-neidhardt.de*

Hirschberg: Jürgen Gündel, *juergen.guendel@enneagramm-at-work.de*

Konstanz: Gabriela von Witzleben, *gabriela@systemisches-enneagramm.de*

Köln: Simone May, *s.may@orange-consulting.de*

Mülheim a. d. R.: Johanna Jesse-Goebel, p*raxis@jesse-goebel.de*

München: Sonja Elsner und Martina Werner, *info@businessenneagramm.com*

Northeim: ÖAE, Doris Wetzig, *info@enneagramm.eu*

Offenburg: Norbert Häg, *nh@haegandpartner.com*

Osnabrück: Monika Gruhl, *kontakt@monikagruhl.de*

Rosenheim: A.-M. Rumitz und Dr. A. Pfab, *alexander.pfab@enneagramm-training.de*

Türkenfeld: Marianne Gallen, *MAGallen@web.de*

Niederlande, Den Haag: Jeanette van Stijn, *office@enneagram-nederland.nl*

Schweiz, Zürich: Christoph Truttmann (Krishna Premarupa), *krishnapremarupa@gmail.com*

## MEIN PERSÖNLICHER DANK GILT

Zuerst meinen Enneagramm-Lehrern Pamela Michaelis (Enneagram Germany), Norbert Häg, Tilman Metzger und Monika Gruhl.

Mein weiterer herzlicher Dank gilt der Unterstützung von Maria-Anne (Marianne) Gallen und Hans Neidhardt, Wilfried Reifahrt, Dr. Susanne Marx, Dr. Alexander Pfab und Werner Tiki Küstenmacher.

Dankbar bin ich für die Beiträge von dem von mir so hochgeschätzten Pater Anselm Grün, meinem gütigen Mentor Kurt Tepperwein, Boris Fittkau und Harald Reinhard.

Diejenigen, die das Ganze lebendig machen, sind die vielen Menschen, die bereit waren, mir ihre Geschichten und ihre Geheimnisse anzuvertrauen. Benennen möchte ich hier im Besonderen Sven, Lena, Stefan, Sebastian, Maren und Stefan, Monika, Sonja, Martina, Tina, Christoph, Uta, Henny, Heidi, Kerstin, Doris, Susanne und Michael.

Dank auch für die Entscheidungsfreudigkeit von Christof Klocker und die tatkräftige Betreuung meiner Redakteurin Birgit Reiter vom Gräfe und Unzer Verlag. Für Grafik und Gestaltung danke ich dem gesamten Design-Team des Verlages und Bettina Tittel (magic7- communicate!) für ihren wunderschönen Entwurf des Enneagramm-Logos.

## WIDMUNG

Ich widme dieses Buch drei fantastischen Frauen:

Meiner Mutter, die mit ihrem sanften NEUNER-Sein die Ehe mit meinem ACHTER-Vater gemeistert hat,

meiner Enneagramm-Lehrerin Pamela Michaelis, die mich mit ihrem ZWEIER-Sein immer wieder unterstützt und mit ihrem DREIER-Flügel immer wieder gefordert hat, und

Karen Horney, jener sanften Rebellin der Neopsychologie, der ich gern einmal begegnet wäre.

# MEHR ENERGIE, MEHR WOHLBEFINDEN!

ISBN 978-3-8338-8606-5

ISBN 978-3-8338-8153-4

ISBN 978-3-8338-8233-3

ISBN 978-3-8338-7835-0

ISBN 978-3-8338-8020-9

ISBN 978-3-8338-8598-3

Alle hier vorgestellten Bücher sind auch als ebook erhältlich.

G|U

Mehr von GU auf **gu.de** | **gu.verlag** | **gu.verlag**

LIEBE LESERINNEN UND LESER,
wir wollen Ihnen mit diesem Buch Informationen und Anregungen geben, um Ihnen das Leben zu erleichtern oder Sie zu inspirieren, Neues auszuprobieren. Wir achten bei der Erstellung unserer Bücher auf Aktualität und stellen höchste Ansprüche an Inhalt und Gestaltung. Alle Anleitungen und Rezepte werden von unseren Autoren, jeweils Experten auf ihren Gebieten, gewissenhaft erstellt und von unseren Redakteur*innen mit größter Sorgfalt ausgewählt und geprüft.

Haben wir Ihre Erwartungen erfüllt? Sind Sie mit diesem Buch und seinen Inhalten zufrieden? Wir freuen uns auf Ihre Rückmeldung. Und wir freuen uns, wenn Sie diesen Titel weiterempfehlen, in Ihrem Freundeskreis oder bei Ihrem Online-Kauf.

Sollten wir Ihre Erwartungen so gar nicht erfüllt haben, tauschen wir Ihnen Ihr Buch jederzeit gegen ein gleichwertiges zum gleichen oder ähnlichen Thema um.

KONTAKT ZUM LESERSERVICE
GRÄFE UND UNZER VERLAG
Grillparzerstraße 12
81675 München
www.gu.de

## IMPRESSUM



Projektleitung: Birgit Reiter
Lektorat: Dr. Diane Zilliges
Bildredaktion: Nele Radtke
Umschlaggestaltung und Layout: independent Medien-Design, Horst Moser, München
Herstellung: Petra Roth
Satz: L42 AG, Berlin
Reproduktion: Medienprinzen GmbH, München
Druck und Bindung: dimograf

ISBN 978-3-8338-6256-4
6. Auflage 2025

Die GU-Homepage finden Sie unter www.gu.de

## BILDNACHWEIS

Cover und Innenillustration: Bettina Tittel, magic7 - communicate

Syndication:
Bildagentur Image Professionals GmbH,
Tumblingerstr. 32,
80337 München
www.imageprofessionals.com

## WICHTIGER HINWEIS

Die Gedanken, Methoden und Anregungen in diesem Buch stellen die Meinung bzw. Erfahrung der Verfasser dar. Sie wurden von den Autoren nach bestem Wissen erstellt und mit größtmöglicher Sorgfalt geprüft. Sie bieten jedoch keinen Ersatz für persönlichen kompetenten medizinischen Rat. Jede Leserin, jeder Leser ist für das eigene Tun und Lassen auch weiterhin selbst verantwortlich. Weder Autoren noch Verlag können für eventuelle Nachteile oder Schäden, die aus den im Buch gegebenen praktischen Hinweisen resultieren, eine Haftung übernehmen.